BIBLIOTHÈQUE NOUVELLE

2 francs le volume

MARC-MONNIER

LA CAMORRA

— MYSTÈRES DE NAPLES —

PARIS

MICHEL LÉVY FRÈRES, LIBRAIRES ÉDITEURS
RUE VIVIENNE, 2 BIS, ET BOULEVARD DES ITALIENS, 15
A LA LIBRAIRIE NOUVELLE

LA CAMORRA

LIBRAIRIES DE MICHEL LÉVY FRÈRES

DU MÊME AUTEUR

HISTOIRE

DU BRIGANDAGE

DANS

L'ITALIE MÉRIDIONALE

DEUXIÈME ÉDITION

UN VOLUME GRAND IN-18

Paris. Imp. Pillet fils aîné, rue des Grands-Augustins. 5.

LA

CAMORRA

— MYSTÈRES DE NAPLES —

PAR

MARC-MONNIER

PARIS

MICHEL LÉVY FRÈRES, LIBRAIRES ÉDITEURS

RUE VIVIENNE, 2 BIS, ET BOULEVARD DES ITALIENS, 15

A LA LIBRAIRIE NOUVELLE

1863

PRÉFACE

La *camorra,* qu'on pourrait définir en deux mots *l'extorsion organisée*, est une sorte de franc-maçonnerie populaire constituée dans l'intérêt du mal. Il importe de l'étudier de près, non-seulement pour observer des mœurs encore peu connues et offrir quelques étrangetés de plus à la curiosité du bon public, mais surtout pour montrer les obstacles réels que l'Italie rencontre à Naples. Les publicistes étrangers, ceux-là surtout qui, dans l'intérêt de certaines théories, ou peut-être de certaines ambitions, sont opposés à l'unité italienne, attribuent volontiers ces résistances à je ne sais quelle opposition sentimentale et pathétique. Ils écrivent tous les jours que l'Italie occupe le Napolitain sans le posséder, s'imposant à un peuple qui la repousse et qui veut se détacher d'elle. D'où ils concluent qu'il faut conserver au pape son pouvoir temporel.

Pour répondre à ces singulières erreurs, il s'agit de poser très-nettement la question. Par *l'Italie,* je n'entends pas telle dynastie ni tel écusson, ni même telle province du Nord qui a embrassé la péninsule entière. J'entends le grand principe, la grande association nationale qui, après quatorze siècles d'épreuves, commence à triompher dans les jours difficiles que nous traversons. Les grandes questions sont comme les grandes statues ; si l'on veut les comprendre et les apprécier sainement dans leur réalité splendide, il faut les monter sur leur piédestal.

Voilà l'Italie. Maintenant quel est l'ennemi qui la menace dans les provinces méridionales? Est-ce le parti muratiste? Mais il se compose d'un seul homme. Est-ce le parti autonomiste? Mais on sait que ce mot d'autonomie est un masque à triple face sous lequel intriguent les mécontents vaincus ou déçus. Est-ce le parti fédéraliste? Mais il n'existe qu'en France ou plutôt dans *la France,* où se forge tous les matins une combinaison nouvelle pour conserver à Pie IX « le royaume de ce monde. »

Est-ce enfin le parti bourbonien? Oui et non. Non, quand les bourboniens sont d'honnêtes gens, c'est-à-dire d'anciens serviteurs fidèles à la cause vaincue, au roi tombé, et se contentant de protester par le silence et par le deuil contre *l'usurpation*, comme ils disent, de la dynastie nouvelle. Oui, quand ils ne se bornent pas à protester, mais qu'ils veulent combattre et que, sentant leur faiblesse et leur impuissance, ils suppléent aux forces qu'ils n'ont pas en soulevant et en soudoyant tous les malfaiteurs du pays.

Ce ne sont donc ni les muratistes, ni les autonomistes, ni les fédéralistes, ni même les bourboniens, qui menacent l'Italie dans le Midi ; ce sont les malfaiteurs que la réaction soulève et soudoie. La guerre n'est pas politique, elle est sociale. L'Italie ne défend pas seulement son droit et son bien, ses idées et ses affaires ; elle défend la société, qui est la cause de tout le monde, contre tous les éléments d'anarchie et de dissolution que les publicistes étrangers prennent faussement pour l'esprit national !

Non, mille fois non, je tiens à le déclarer en commençant ce travail, ce n'est point l'esprit national qui résiste, ce n'est point le sens populaire qui s'embusque dans les bois pour détrousser les passants et pour arrêter les diligences, ce n'est pas l'opinion publique qui, hier encore (1er octobre 1862), à Palerme, armait une bande de poignardeurs et la lâchait à l'improviste, affamée de sang, sur la population ! Non, mille fois non, il ne faut pas croire que la civilisation soit représentée par le Piémont, la barbarie par l'ancien royaume des Deux-Siciles. Il ne faut pas prendre les bisbilles de clocher entre Naples et Turin pour la cause, ni même pour l'occasion de ces attentats féroces. Il faut se persuader qu'il y a deux éléments en présence, d'un côté l'Italie, de l'autre le désordre, et que, pour l'Italie, ne sont pas seulement ceux qui ont une croyance, un principe à défendre, mais tous ceux qui ont une famille, une maison à garder.

Je crois avoir établi ce fait dans mon premier livre, où j'ai raconté le brigandage dans les campagnes. Je viens le confirmer dans ce second travail, où je décrirai le brigandage dans les villes ; car la camorra n'est pas autre chose, à la juger rigoureusement. Et peut-être — j'ai du moins l'orgueil de l'espérer — ne serai-je pas inutile à Naples en appelant sur ses malheurs l'attention de l'Italie, ni à l'Italie en appelant sur sa mission les sympathies de l'Europe.

On me reprochera peut-être d'insister trop souvent sur les misères de ce pays et de n'avoir point imité les tendres médecins du Varignano, qui, pour rassurer le patient et ses amis, pour se rassurer eux-mêmes, déclarèrent tout d'abord que la balle n'était pas dans la blessure. Affectueuse erreur qui pouvait compromettre les jours du patriote bien-aimé! La vraie philanthropie doit avoir plus de courage. Déclarons résolûment que la balle est dans la blessure et qu'il faut l'extraire. En politique comme en chirurgie, ce n'est pas l'illusion qui sauve, c'est la vérité!

LA CAMORRA

I

ORGANISATION INTÉRIEURE DE LA CAMORRA

Un premier mot sur la secte. — Le gamin de Naples. — Le *garzone di mala vita.* — Le *picciotto di sgarro.* — L'épreuve du couteau. — La pièce de cinq sous. — Comment on devenait camorriste. — Les cérémonies de réception. — Constitution de la secte : les chefs, les séances, les jugements. — Le *barattolo,* le *contarulo,* le *capo carusiello,* le secrétaire. — L'argot de la secte. — Les rapports des camorristes entre eux.

L'étranger et même l'Italien qui débarquait à Naples, il y a peu de temps, était souvent tout surpris, en touchant terre, de voir un robuste gaillard accoster son batelier et recevoir de lui, sous main, un ou deux sous de menue monnaie. Si le voyageur était curieux et demandait quel était cet exacteur mieux vêtu que les autres plébéiens, souvent couvert de bagues et chamarré d'or, qui s'avançait en maître et partageait sans mot dire le prix du passage avec le très-humble barcarol, on répondait au nouveau venu : « C'est le camorriste. »

L'étranger, en arrivant à son hôtel, précédé d'un *facchino* qui avait porté jusque-là ses bagages, découvrait d'ordinaire un second exacteur, semblablement mystérieux et taciturne, qui recevait quelques sous du *facchino*. Quand deux portefaix s'étaient partagé la besogne, chacun d'eux glissait une pièce de cuivre dans les mains de l'impérieux inconnu. Si l'étranger, remarquant cette seconde contribution, s'obstinait à demander quel était le nouveau percepteur, on lui répondait également : « C'est le camorriste! »

Le voyageur quittait l'hôtel et montait dans un cabriolet de louage. A peine avait-il touché le marchepied, qu'un troisième survenant était déjà debout près du siége, et le cocher, en se penchant avec déférence, lui glissait un sou dans la main. « Est-ce encore le camorriste? » demandait le voyageur, de plus en plus étonné de voir partout à ses trousses des gens qui ne lui rendaient aucun service, et qui cependant recevaient partout une portion de l'argent qu'il avait à débourser. Le cocher répondait mélancoliquement : « C'est le camorriste ! »

Et, si l'étranger n'était pas un de ces touristes vulgaires qui croient connaître Naples quand ils ont vu le Musée, le Vésuve et Pompéi, et que, s'inquiétant un peu des hommes, il tâchât de surprendre le peuple dans sa vie de chaque jour, à chaque pas dans les quartiers pauvres, aux gares de chemin de fer, aux portes de la ville, dans les marchés, dans les tavernes, il reconnaissait l'implacable bravo, qui, l'œil fier, la tête haute, les jambes à l'aise dans de larges pantalons, la main armée d'un gourdin qui paraissait demander la bourse ou la vie, entrait dans les affaires et dans les plaisirs des pauvres gens, surtout dans les plaisirs vicieux et dans les affaires équivoques; et tour à tour agent de change, courtier, entremetteur, inspecteur policier, selon l'occurrence, faisait à peu près l'office de ces grandes puissances qui se mêlent volontiers de ce qui ne les regarde pas.

Alors il demandait ce que c'était que les camorristes. On lui répondait aussitôt : « Ce sont les membres d'une secte qui s'appelle *la camorra.* » Mais, s'il tenait à savoir quelle était cette secte, il n'obtenait que des renseignements confus, contradictoires, des idées générales ou des détails très-compliqués, et il retournait dans son pays avec la décourageante opinion que les Napolitains eux-mêmes ne savent pas ce qui se passe à Naples.

Ce que c'est que la camorra, ce qu'elle était du moins il n'y a pas longtemps, je vais le dire en deux mots : c'était une association de gens du peuple corrompus et violents, rançonnant par l'intimidation les vicieux et les lâches.

J'insiste d'abord sur ce mot : une association de gens du peuple. Les Napolitains, étendant outre mesure les ramifications de la secte et le sens du nom qu'ils lui donnent, appellent camorra tout abus d'influence ou de pouvoir et affirment que ce mal existe dans toutes les classes de la société. Il en est résulté que certains auteurs mal informés ont distingué la haute et la basse camorra, celle en gants blancs et celle de la rue. Mais, malgré de longues investigations, il m'a été impossible de découvrir la moindre trace d'association dans les abus reprochés aux gens des classes supérieures. Ils ne se distinguent en rien, du reste, des méfaits du même genre commis dans les autres pays. On nomme camorriste l'homme d'importance qui reçoit un pot-de-vin pour telle faveur obtenue; le député au parlement (il en existe, hélas!) qui accepte une gratification pour rendre quelque service important; l'officier supérieur qui se fait payer sa protection par ceux qui désirent des épaulettes; le haut fonctionnaire qui menace de destitution les employés scrupuleux manquant de souplesse et de complaisance; le chevalier du lansquenet qui, étant habile à l'escrime, voudrait être respecté comme un chevalier de la Toison d'or; l'évêque réactionnaire qui, sous peine de suspension *à divinis*, défend au pauvre curé de reconnaître le royaume d'Italie; enfin tous les grands de ce monde qui violentent les faibles par le droit du plus fort. Mais je pense que, pour trouver des camorristes pareils, il n'est pas besoin de faire le voyage de Naples.

Dans le peuple, en revanche, il existe une secte très-particulière, toute locale, fortement organisée et se ramifiant sur toute l'étendue de l'ancien royaume sicilien. J'ai dit qu'elle rançonne les vicieux; aussi règne-t-elle partout où ils s'assemblent, et surtout dans les lieux où une triste nécessité les amasse, je veux dire dans les prisons.

Procédons par ordre. Avant d'examiner ce que fait la

camorra, tâchons d'indiquer ce qu'elle est. Avant d'étudier ses divers métiers, dans les prisons d'abord, puis dans la ville, examinons son organisation intérieure.

Les politiques qui cherchent maintenant des solutions ingénieuses à la question de Naples ne se sont jamais demandé comment on élevait, sous les Bourbons, les enfants du pauvre dans ce pays aussi maltraité par la sottise, l'ignorance, la misère et la tyrannie des hommes que favorisé par toutes les grâces du ciel. Dès que l'enfant quittait le sein de sa mère, souvent même avant de le quitter, — car les marmots d'ici le gardent jusqu'à leur troisième année, — il tendait sa main aux passants et fondait en larmes, jurant par tous les saints du paradis qu'il était orphelin de naissance et qu'il mourait de faim. Il n'y avait dans le pays ni écoles ni asiles, et le pain coûtait trop peu pour forcer les pauvres d'enseigner à leurs enfants la nécessité du travail. Le petit vagabond restait donc mendiant et devenait bientôt voleur. Il faisait le mouchoir, escamotait son repas au marché, filoutait par-ci par-là quelque pièce de cuivre, et finissait, un jour ou l'autre, par se réveiller en prison. Alors, de deux choses l'une : ou il avait du courage, ou il n'en avait point. S'il n'en avait point, il se laissait exploiter par la camorra; s'il en avait, il aspirait à devenir camorriste.

Mais, pour y parvenir, il devait passer par plusieurs degrés d'initiation. D'abord *garzone di mala vita* (garçon de mauvaise vie), il était tenu au service le plus rigoureux et le moins productif, simple valet des valets des sectaires, beaucoup plus réellement que le pape n'est le serviteur des serviteurs de Dieu. Il restait dans cet état jusqu'à ce qu'il eût donné des preuves de zèle et de courage. Passant alors du troisième rang au deuxième, du temps de candidature au temps de noviciat, il devenait *picciotto di sgarro*.

Picciotto est un diminutif qui correspond à peu près à notre mot de *garçon;* il signifie littéralement *petiot* et marque une certaine infériorité d'âge, de condition et de mérite. On nomme ainsi, dans la langue des plébéiens, toute espèce d'adolescent exerçant un métier subalterne. « Je voudrais être un *picciotto*, dit une chanson populaire, avec une cruche pour aller vendre de l'eau. »

I vurria esse nu picciotto,
Cu na lancella, a ghì vennenno acqua.

Quant au mot de *sgarro*, toutes mes recherches et mes questions n'en ont pu obtenir la signification; on suppose que c'est un terme emprunté au patois des provinces[1].

Quelques auteurs ont distingué trois degrés d'initiation dans le noviciat. Le néophyte, d'après leurs relations, aurait commencé par être un simple *tamurro;* une fois accepté, il aurait pris le nom de *picciotto* ou de *picciotto d'onore*, et ne serait devenu *picciotto di sgarro* qu'après une année de services discrets, assidus, dangereux et pénibles. Je note ces distinctions pour être complet; mais je ne crois pas qu'elles soient rigoureusement observées. Les sectaires, ne sachant pas lire, n'ont pas de lois écrites; je le prouverai plus tard; ils se transmettaient de vive voix leurs usages et leurs règlements, modifiés selon les temps, les lieux, le bon plaisir des chefs ou les décisions des cercles. Il est donc possible que tous ces degrés aient existé dans la législation primitive; mais j'ai consulté des camorristes

1. On peut à la rigueur dériver ce mot du verbe *sgarrare*, se tromper, se fourvoyer, *s'égarer*. — *Sgarro* s'emploie quelquefois dans les dialectes sicilien et napolitain dans le sens d'erreur ou de faute. — Peut-être s'appliquait-il, dans cette acception, aux apprentis camorristes qui faisaient des pas de clerc.

avoués, qui ne connaissent même pas le mot de *tamurro*. Ils m'ont dit qu'ils avaient passé de prime saut *picciotti di sgarro;* je leur en ai fait mes félicitations bien sincères.

Le picciotto était déjà un homme important; il faisait partie de la secte; il y entrait dès qu'il était parvenu à ce premier grade, qui ne s'obtenait pas très-facilement. Dans l'origine, les conditions d'admission étaient rigoureuses et dénotaient même une sorte de moralité dans l'association. Car, il faut le dire, la camorra n'était point méprisée autrefois dans le peuple; elle ne l'est pas même aujourd'hui. On a beau dire que le mal est toujours mal, il y a pourtant des abus qu'un certain degré de civilisation tolère, consacre, honore même, jusqu'à ce qu'ils soient attaqués, supprimés et flétris par une génération nouvelle qui appelle crime ce qui s'était appelé gloire dans le bon vieux temps. C'est ainsi, par exemple, que les jeunes citoyens de la Suisse, qui se battaient au service des rois contre la cause des peuples, étaient considérés autrefois comme des héros, même dans leur république, qui, non contente de consacrer par des traités ce marché d'hommes, élevait encore des monuments à ses fils vendus, tandis qu'à présent il suffit de rappeler ce trafic odieux pour révolter la conscience publique.

La camorra était donc respectée et vénérée dans le temps — en sommes-nous sortis tout à fait? — où l'on ne reconnaissait d'autre droit que le droit du plus fort. Et j'ajoute que la camorra, jusqu'à un certain point, se respectait elle-même. Elle n'admettait dans son sein que des hommes relativement honnêtes, c'est-à-dire des vagabonds et des fainéants doués d'une certaine loyauté. On m'assure même qu'autrefois — il y a bien longtemps! — les voleurs étaient exclus de la secte. Pour en être, il fallait appartenir à une famille honorable, c'est-à-dire n'avoir ni femme ni sœur se livrant publiquement à la prostitution; il fallait, de plus, fournir certaines preuves de moralité, c'est-à-dire n'être pas convaincu de crimes contre nature. Enfin, il fallait n'appartenir d'aucune manière à la police, ni à la marine militaire; une exclusion rigoureuse frappait tous les sbires et même tous les gendarmes congédiés.

Maintenant, toutes ces conditions, les premières du moins, ne sont plus exigées. Mais la principale l'est toujours et plus rigoureusement que jamais. Pour devenir *picciotto di sgarro*, l'aspirant doit subir l'épreuve du dévouement et du courage. Il doit prouver qu'il sait garder un secret et qu'il ne craint pas le couteau.

Nous entrons maintenant dans la vie de la secte : elle va nous apparaître avec cette férocité repoussante qui appartient aux mœurs d'un autre temps. L'aspirant au grade de picciotto s'offrait pour exécuter un arrêt sanglant de la société, c'est-à-dire pour balafrer et, au besoin, pour tuer un homme. Quand il n'y avait ni meurtre commandé, ni balafre (*sfregio*), le candidat subissait l'épreuve de la *tirata* (littéralement *la tirade*), qui consistait à tirer le couteau contre un picciotto déjà reçu et désigné par le sort. Mais il s'agissait d'une simple *tirata a musco*, d'une tirade musquée, pourrais-je dire, ou, pour m'expliquer plus clairement, d'un simple duel assez doux, où le couteau ne devait toucher que le bras. Au premier sang, les combattants s'embrassaient et le candidat était reçu novice.

Il fut un temps où l'épreuve était différente. Les camorristes se réunissaient en rond autour d'une pièce de cinq sous posée à terre ; et tous ensemble, à un signal donné, se baissaient pour la piquer avec leur couteau pointu. Le candidat devait se jeter entre les couteaux et saisir la pièce. Il avait quelquefois la main percée, mais il devenait *picciotto di sgarro.*

Le picciotto subissait un noviciat de deux ou trois, quelquefois six et huit années, pendant lesquelles il supportait bravement toutes les charges de la société, sans avoir aucun droit aux bénéfices. Il appartenait d'ordinaire à un camorriste qui lui imposait toute sa besogne et ne lui accordait de temps en temps, par charité, qu'une poignée de sous. Les corvées les plus rudes étaient pour le picciotto, et non-seulement les plus rudes, mais les plus périlleuses. On le choisissait toujours quand il y avait du sang à verser. Il acceptait cependant, sans murmurer, toutes les fatigues, les humiliations et les dangers de cette servitude; car il voyait toujours, au bout de son noviciat, le rang suprême auquel il aspirait depuis son enfance et dont l'irrésistible séduction l'avait attiré dans le mal. Bien plus, il hâtait de tout son pouvoir le moment où il pourrait changer son titre de picciotto contre celui de camorriste; et, à cet effet, non-seulement il ne reculait devant aucune fatigue, mais il courait de lui-même au-devant du péril. Quand une estocade était commandée, tous les picciotti se présentaient à la fois pour la donner; puis, le coup fait, tous offraient de le prendre sur eux et de se livrer à la justice à la place du coupable. Pour ne pas faire de jaloux, on devait tirer au sort celui qui aurait l'honneur de commettre le crime et celui qui aurait la gloire de l'expier. Le picciotto, secondé par la fortune, y gagnait quelquefois six ans, vingt ans de fers, mais il devenait camorriste.

C'est à peine si j'ose consigner ici ces horribles étrangetés, auxquelles je ne croyais pas encore il y a peu de temps; mais la table où j'écris est couverte de papiers authentiques, tirés des archives de la police et constatant des centaines de faits pareils. Et ces picciotti — je suis forcé maintenant d'aller jusqu'au bout — n'étaient pas des malfaiteurs vulgaires, des scélérats communs, commettant le mal pour le mal, ou pour le lucre. Non sans doute, — et voilà ce que j'ai de plus cruel à dire, — ils le commettaient pour l'honneur. Je le tiens de prisonniers d'État qui ont passé de longues années avec eux; je le tiens des magistrats qui les ont interrogés, des avocats qui les ont défendus; je le tiens d'eux-mêmes, le titre de camorriste était leur plus ardente ou plutôt leur unique ambition. Et je vais plus loin, je dis qu'ils étaient encouragés dans cette dépravation par une inconcevable aberration de la conscience populaire. J'affirme qu'autrefois, dans ce pays, les masses épouvantées se prosternaient avec admiration devant la suprématie du couteau; mais je me demande si, même ailleurs, et même de nos jours, on n'en fait pas autant devant la suprématie du sabre.

Cependant l'estocade à donner ou les galères à subir n'étaient que des moyens extraordinaires de monter au grade de camorriste. Le picciotto y arrivait peu à peu, à force de zèle et de soumission, pendant des années de noviciat, pénétrant toujours plus avant dans la confiance de ses chefs, qui l'initiaient chaque jour davantage aux secrets de la secte. « Je suis content de lui, je l'ai mieux informé (*l'ho meglio informato*), » dit un camorriste d'un picciotto dans une des lettres originales qui m'ont été communiquées. Puis, un beau jour, le novice postulait le titre de camorriste au moyen d'une supplique adressée à l'un des chefs. Alors ce dernier réunissait la société qui lui était soumise, et une longue délibération commençait sur la moralité et sur la capacité du nouveau candidat. En cas d'admission, la réception se faisait en grande cérémonie.

On raconte qu'autrefois il s'y mêlait une sorte de fantasmagorie pseudo-maçonnique. Les sectaires s'asseyaient en rond autour d'une table sur laquelle étaient placés un poignard, un pistolet chargé, un verre d'eau ou de vin fictivement empoisonné; de plus, une lancette. On introduisait le picciotto, suivi d'un barbier quelconque appartenant à la secte. Le barbier, qui était en même temps saigneur, comme tous les barbiers de Naples, ouvrait une veine au candidat et se retirait l'opération faite. Dès ce moment, le patient prenait le titre de *tamurro*, trempait une main dans son sang, et, l'ayant tendue vers les camorristes, jurait de garder jusqu'à la mort les secrets de la société, et d'exécuter à toute heure ses commandements avec une soumission fidèle. Il prenait ensuite le poignard et le plantait dans la table; il armait vivement le pistolet, il approchait le verre de sa bouche. Il montrait par là qu'il était prêt, sur un signe du chef, à se donner la mort. Mais le chef étendait la main pour arrêter le suicide, et, quittant sa place, après avoir ordonné au tamurro de laisser son verre et son pistolet, le faisait agenouiller devant le poignard. Alors il posait sa main droite sur la tête de l'homme et, avec sa gauche, déchargeait le pistolet en l'air, puis changeait de main et plaçait la droite sur la tête du tamurro, tandis que, de la gauche, il jetait par terre et brisait en morceaux le verre qui devait contenir une boisson empoisonnée. Ces précautions prises, il arrachait le poignard de la table, et, l'ayant remis dans la gaine, en faisait hommage au nouveau compagnon, qui, d'abord embrassé par lui, se relevait et se faisait ensuite embrasser à la ronde. Aussitôt le tamurro passait camorriste et participait à tous les droits, à tous les priviléges et à tous les profits de la société. Sa nomination était annoncée aux diverses sections, et le chef disait à tous, en le présentant : « Reconnaissez l'homme ! »

Tel était peut-être le cérémonial de rigueur, à une certaine époque et dans de certaines loges. Mais un détenu politique en qui j'ai toute confiance, et qui a pu assister personnellement dans une prison à une réception de camorriste, n'a vu ni pistolet, ni poison, ni saignée, ni rien du spectacle théâtral que je viens de rapporter. La société réunie ayant voté l'admission du candidat, le chef l'avait présenté à tous les membres, et, les preuves de capacité fournies, lui avait dit : « Dès aujourd'hui, vous êtes notre compagnon ; vous partagerez avec nous les profits de la société. Savez-vous quels sont les devoirs du camorriste ? » L'homme avait répondu : « Je les connais : je dois faire une *tirata* (c'est-à-dire accepter un duel au couteau, comme nous l'avons vu) avec un de mes compagnons; jurer d'être fidèle à mes associés, ennemi des autorités publiques, de n'avoir aucune relation avec des gens attachés à la police, de ne point dénoncer mes compagnons voleurs, au contraire, de les aimer plus que les autres, parce qu'ils mettent leur vie en péril. » Cela dit, le nouveau compagnon prêta serment sur des couteaux croisés, se battit avec un frère tiré au sort, embrassa le chef, embrassa les autres, et fut acclamé camorriste [1].

Ordinairement les réceptions étaient suivies de grands banquets qui se donnaient à la campagne ou dans la prison même, selon que le nouvel élu était entré dans une section de compagnons libres ou de compagnons détenus. Rien de plus gai que ces fêtes : le Napolitain est d'ordinaire sobre, mais intempérant jusqu'à la gloutonnerie dans les grands jours d'exception. Jusqu'à

1. Plusieurs experts m'ont aussi signalé deux degrés dans le titre suprême de camorriste : celui de camorristes simples et celui de camorristes propriétaires : ces derniers étaient les vétérans, les anciens, le sénat de l'association. Mais je répète que toutes ces distinctions n'étaient pas très-nettement marquées.

la gloutonnerie, ai-je dit, mais jamais jusqu'à l'ivresse; après ces formidables ripailles et ces libations homériques, les convives s'en revenaient ensemble, marchant droit et ferme comme une rangée de grenadiers à jeun.

J'ai montré jusqu'à présent le chemin qui menait à la camorra, je vais maintenant entrer dans la secte. Son organisation est très-difficile à étudier au milieu des assertions contradictoires qui cherchent à exagérer son importance ou à l'amoindrir.

Les romanciers ont rêvé une association gigantesque, embrassant toute la société napolitaine, et pesant comme un gouvernement occulte sur tous les actes de la vie publique et de la vie privée : c'est là ce qu'ils ont appelé la camorra. A les entendre, cet état clandestin était constitué sur des bases séculaires: il se partageait en sections nettement tranchées; il avait son aristocratie, sa bourgeoisie et sa plèbe, subdivisées elles-mêmes en *paranze*, c'est-à-dire en petites corporations qui se distinguaient entre elles par des spécialités d'industrie et de travail, et tout ce monde, fortement organisé, se réunissait sous le commandement d'un chef unique, électif, qui prenait le titre de général. Selon les uns, le général devait être choisi dans l'île de Ponza, parmi les déportés les plus féroces; selon les autres, il faisait partie de la noblesse de Naples, et un pamphlétaire n'a pas craint d'attribuer le gouvernement suprême de la secte à un prince royal de la maison de Bourbon. Il va sans dire que je n'admets ni ces imaginations, ni ces calomnies.

J'ai consulté, dans tous les partis, les hommes les plus éminents et les plus compétents de Naples, — et je demande la permission de les nommer ici, pour citer mes autorités et pour m'appuyer sur elles : M. Francesco Casella, tour à tour avocat, magistrat et ministre sous la monarchie absolue; M. Liborio Romano, qui, préfet de police, puis ministre de François II, se servit de la camorra pour reconstituer le service interrompu de la sécurité publique; M. Silvio Spaventa, qui, gouvernant la police et l'intérieur après l'annexion de Naples à l'Italie, persécuta la secte, alors toute-puissante, avec beaucoup de résolution et de fermeté; M. Aveta, le questeur actuel, qui a repris cette œuvre de répression avec un redoublement de courage et d'énergie; M. Cuciniello, esprit très-net et très-distingué, qui, employé supérieur dans la même administration sous le gouvernement de M. Spaventa, rédigea pour le cabinet de Turin un mémoire excellent sur les camorristes. — Eh bien, je peux assurer que pas un seul de ces hommes importants qui ont vu défiler devant eux par centaines les *bravi* de la populace, n'a jamais soupçonné l'existence d'un général tout-puissant qui les dominât tous.

En revanche, ceux qui, par amour-propre de clocher, tâchent de diminuer l'importance de la secte et prétendent que c'est une simple bande de malfaiteurs violents, opprimant les autres dans quelques bagnes, à Naples comme en France et comme partout, sont des justes qui s'abusent. La camorra est répandue dans tous les lieux de détention de l'ancien royaume des Deux-Siciles. Elle se constitue partout où sont réunis un certain nombre de prisonniers. Elle est organisée en petits groupes indépendants les uns des autres, mais non sans relations les uns avec les autres. Elle n'est pas réunie sous les ordres d'un chef unique, mais soumise cependant à une certaine hiérarchie traditionnelle qui subordonne tel centre à tel autre : toutes les prisons de Naples, par exemple, au castel Capuano, et le castel Capuano lui-même au bagne de Procida. La capitale n'a aucune autorité sur les provinces, et l'on a même vu des rivalités étranges et sanglantes (j'y reviendrai plus tard) entre les compagnons provinciaux et les Napolitains; mais le camorriste reçu dans une ville est accueilli partout ailleurs sans la moindre difficulté sur la recommandation des chefs, qui se consultent mutuellement, à cet effet, d'un bout du royaume à l'autre. J'ai eu dans les mains une lettre d'un chef de Naples annonçant que la société de Chieti (chef-lieu de l'Abruzze citérieure) lui avait demandé des renseignements sur un certain Liberato de Loretto qui s'était présenté comme camorriste.

Je répète maintenant que la camorra n'existait pas seulement dans les prisons et qu'il y avait, dans les grandes villes au moins, des sections de camorristes libres. Ceux-ci demeuraient en rapport avec les détenus, et, sans leur assentiment, n'admettaient jamais un nouveau membre ; mais, pour les affaires d'intérêt, ils n'avaient rien à démêler avec eux. La place, comme on disait (*la piazza*), ne pouvait rien exiger des prisons, ni les prisons de la place. Douze centres existaient à Naples, un par quartier ; chacun de ces centres se subdivisait en *paranze* spéciales, agissant chacune pour son propre compte et faisant bande et bourse à part. Nous aurons plus tard à examiner les divers métiers de ces petites compagnies anonymes. Constatons seulement que chaque centre avait son chef et que tous ces chefs reconnurent quelque temps pour leur supérieur celui qui régnait dans le quartier de la Vicaria. Le dernier de ces grands maîtres se nommait Aniello Ausiello; il résidait près de la porte Capuana. Il a disparu depuis quelque temps; le Briarée de la questure a tendu ses mille bras pour le prendre; mais on ne l'aura pas, me disait un ex-compagnon qui le connaît bien.

Les chefs de chaque centre étaient élus par ceux qui devaient lui obéir. Ils avaient sans doute une grande puissance, mais ne pouvaient prendre de décision importante sans l'aveu de leurs subordonnés. Tout camorriste qui n'était pas en punition avait voix consultative et délibérative. Rien de plus grotesque que ces réunions très-sérieuses où des plébéiens sans grammaire discutaient gravement, avec une imperturbable incorrection, sur les plus imperceptibles minuties. Rien de plus terrible quand, avec le même calme et le même aplomb, ils débattaient des questions de vie ou de mort.

Le chef était puissant par sa valeur personnelle plus que par l'importance de ses attributions. Les camorristes choisissaient pour les diriger l'homme le plus impérieux et le plus brave. Mais ils ne le choisissaient que pour les diriger. L'élu ne devenait que le président des réunions et le caissier de la bande. Comme président, il n'avait que le droit de convocation; comme caissier, il jouissait d'un pouvoir considérable, car c'était lui qui distribuait la *camorra*. La *camorra*, c'est le nom de la société en général, mais c'est aussi plus particulièrement le terme désignant les fonds de la caisse commune. — Le produit des extorsions opérées s'appelait aussi le *barattolo*.

Je dirai plus tard (je ne peux pas tout dire à la fois) en quoi consistaient ces extorsions; j'en suis encore à l'organisation intérieure de la secte. Je marque seulement ici que tout l'argent gagné se versait dans les mains du chef. Celui-ci s'adjoignait un *contarulo* (comptable) chargé de tenir les livres et de noter exactement la part du *barattolo* qui revenait à chacun. Il avait aussi quelquefois sous ses ordres un *capo carusiello* (un chef de caisse) qui gardait l'argent. Il avait enfin un secrétaire, choisi parmi les rares compagnons qui étaient allés à l'école. Ce dernier devait jurer sur la croix ou sur des couteaux croisés, ce qui revenait au même, de ne révéler à personne, pas même aux frères, ce que le chef qui n'aurait su l'écrire lui avait fait l'honneur de lui dicter. Pour en finir avec les employés de la camorra, citons encore le *capo stanze* (le chef de chambrée), dont les attributions sont clairement désignées par son nom, et le *chiamatore*, qui correspond à l'*aboyeur* des prisons françaises.

La distribution du *barattolo* se faisait tous les dimanches par le chef lui-même, qui, de son plein droit, retenait, en cette occasion, les amendes infligées pour des infractions légères et liquidait les petites affaires privées de ses subordonnés. Ces rognures opérées, il partageait entre eux, fort exactement, le produit de la camorra. Mais, avant tout, il avait prélevé pour lui la part du lion, comme de juste.

La camorra ressemble à toutes les sectes du monde, en ce qu'elle a certains usages et un argot particulier. Ainsi les chefs ont le titre de *masto, si masto* ou *capo masto* (maître, seigneur maître, ou chef maître); ce dernier se donne à ceux qui ont le plus de notoriété. Quand un simple compagnon (*compagno*, ce nom appartient de droit à tous les affiliés) aborde dans la rue un de ses chefs, il lui dit, portant la main à son bonnet : *Masto, volite niente?* (Maître, vous faut-il quelque chose?) — Quant au simple compagnon, il n'a droit qu'au titre de *si*, abréviatif de *signore*, seigneur ou sieur.

Dans l'argot de la secte, une *ubbidienza* (une obéissance) veut dire un ordre. *Freddare* (refroidir) signifie tuer. Le *dormente* (endormi), c'est le mort. L'homme volé s'appelle l'*agnello* ou le *soggetto* (l'agneau ou le sujet). L'objet volé se dit le *morto* (le mort) ou le *rufo*, le *bruffo*. Le recéleur, le *graffo*. (Ces derniers mots n'ont, je crois, pas de sens.) Le couteau, *martino*, *punta* ou *misericordia* (martin, pointe ou miséricorde). L'arme à feu (*bocca, tofa* ou *buonbas*). Le revolver (*tictac* ou *bo-botta*). Les patrouilles, *gatti neri* ou *sorci* (chats noirs ou souris). Le commissaire de police (*capo lasagna*); *tre lasagne*, l'inspecteur (on nomme *lasagne* une sorte de macaroni longs et plats : Ferdinand II appelait son fils François *don Ciccio Lasagna*). Le *lasagnaro* (marchand de lasagne) était le sergent de gendarmerie. L'*asparago* (asperge), le simple gendarme. Le *palo* (pieu), l'espion. La *serpentina*, la piastre. Le *chiantale*, le changement de discours. Le verbe *accamuffare* signifiait prendre à d'autres. Quand un picciotto prenait sur lui le crime d'un camorriste, il se *l'accollava* (il se l'accolait).

Entre compagnons, toute altercation devait cesser sur l'ordre d'un tiers, qui rapportait au chef le motif de la dispute. Le chef interposait son arbitrage; mais, si sa décision ne satisfaisait pas les parties, elles recouraient à la justice du couteau. Le duel était alors plus sérieux que la tirade musquée qui servait d'épreuve aux picciotti. On frappait *dans la caisse*, c'est-à-dire en pleine poitrine.

Le camorriste pouvait renoncer à sa qualité, mais il ne quittait jamais complétement la secte. Il n'en partageait plus les devoirs ni les profits; il cessait d'en subir la discipline, mais il gardait, malgré tout, quelque chose de son influence et de sa considération. Il conservait le droit de donner des conseils et le pouvoir de les faire écouter; sa retraite était considérée comme une abdication, non comme une déchéance. La société respectait toujours en lui le compagnon d'autrefois.

Les vieux camorristes étaient secourus. La veuve et les enfants de celui qui avait péri sous les armes, au service de la secte, touchaient exactement leur pension. Les malades étaient assistés, les morts vengés.

Tous ces usages, et beaucoup d'autres que nous rencontrerons en avançant dans ce travail, montrent déjà les liens puissants qui attachaient entre eux les camorristes. Mais rien n'indique mieux la forte organisation de la secte que les droits effrayants qu'elle s'arrogeait sur tous ses membres, et que nulle force humaine n'a jamais pu lui arracher. Elle avait son code à part ; elle se jugeait elle-même.

Ce code a-t-il jamais été écrit ? Question difficile à résoudre. Pour ma part, je ne le crois pas. D'ailleurs, à quoi bon ? La plupart des compagnons ne savaient pas lire. Quelques écrivains, recueillant çà et là certains bruits, des lambeaux de confession, et y ajoutant beaucoup du leur, ont divisé cela par articles et en ont fait la loi de la camorra. Je ne suivrai pas leur exemple. J'aime mieux croire, ce qui est probable, que les affiliés se transmettaient de vive voix certaines traditions essentielles et abandonnaient les détails au bon sens des chefs et de leurs subordonnés. Les documents que je citerai tout à l'heure viennent à l'appui de cette opinion. Jamais aucune décision de la société n'y est appuyée sur quelque prescription écrite. Mais le chef s'en rapporte toujours *à ce qui lui fut enseigné* par son initiateur.

Quant aux jugements prononcés par les camorristes contre leurs compagnons, il est impossible de les nier ; ils étaient éclatants et sinistres. Sur l'ordre du chef, la société s'érigeait en tribunal et prononçait des sentences de mort. Entrons maintenant dans les prisons; pénétrons plus avant dans ces mœurs infâmes ; nous y trouverons la secte à l'œuvre, et nous verrons quelle était réellement cette formidable association contre la société.

II

LA CAMORRA DANS LES PRISONS

Les prisons de la Vicaria. — L'huile pour la Madone. — Les droits des camorristes. — L'exploitation des pauvres. — Le jeu forcé. — Le vin et le *tocco*. — Comment un prêtre devint camorriste. — Note sur les couteaux. — Le bâton du Calabrais. — Utilité de la camorra. — Diego Zezza. — Le *Caprariello*. — Correspondances entre camorristes. — Les chefs Mormile et Zingone. — Salvatore de Crescenzo, le grand homme. — Code pénal de la camorra. — Le droit de grâce.

Lorsqu'un crime quelconque, un assassinat par exemple, ou des opinions libérales conduisaient un prévenu dans la prison du castel Capuano (ou, comme on dit communément, à la Vicaria), après avoir franchi la grande porte de ce palais, bâti par le roi Guillaume au XIIe siècle, et après avoir passé sous la galerie qui règne autour de la cour, il arrivait par un escalier très-large à une porte très-basse, par laquelle un homme de moyenne taille ne pouvait entrer sans ôter son chapeau. Cette porte, ou plutôt ces deux portes, car il y en avait deux pareilles, surmontées l'une et l'autre de fresques pieuses représentant une Madone et l'ange qui délivra saint Pierre, s'ouvraient et se refermaient sur les deux prisons entre lesquelles étaient distribués pêle-mêle les malfaiteurs et les amis du progrès, la prison des nobles et celle du peuple.

Je parle au passé, parce que je décris ces tristes endroits dans l'état où ils étaient sous le règne de Ferdinand II. Et je copie ma description sur un lugubre tableau peint d'après nature par l'une des plus fidèles victimes des Bourbons, M. Alessandro Avitabile, dramaturge fécond et patriote incorrigible. Sous l'ancien règne, il était arrêté à tout moment, sans explication ; puis, au bout de quelques mois, relâché sans excuse ; il passait ainsi la moitié de sa vie au théâtre et le reste en prison. Il est maintenant employé supérieur à la questure de Naples.

Lorsque le prévenu, selon son état, avait franchi l'une ou l'autre de ces portes, il arrivait dans une petite chambre où se trouvaient réunis les greffiers et une sorte de scribe qui enregistrait le nouveau venu en lui demandant (phrase immuable), s'il comptait prendre le pain et la soupe du fisc. Après quoi, le geôlier en chef conduisait le prisonnier dans la salle qui lui avait été destinée.

Dès lors, il tombait dans les mains des camorristes. Un bravo s'approchait de lui, la main tendue, ou plutôt levée, et commençait par lui demander de l'argent pour la lampe de la Madone. On sait qu'à Naples la sainte Vierge n'est pas seulement placardée à tous les coins de rue, mais affichée dans les boutiques les plus profanes, dans les cafés, dans les tavernes, même dans les bouges les plus honteux. Les filles de joie, comme les autres, s'endorment, la nuit, sous une sainte image, qu'elles ont eu la dévote pudeur de voiler pendant leurs débauches.

La Madone peut donc figurer aussi dans les prisons, vénérée par les malfaiteurs et par les camorristes, chargés de fournir l'huile de la lampe qui doit l'éclairer. A cet effet, ils réclament une contribution de tous les détenus, et ils gagnent ainsi de quoi illuminer la ville entière. C'est un usage immémorial dont on retrouve des traces à chaque pas en remontant dans l'histoire de Naples jusqu'à la conquête espagnole, et dans l'histoire d'Espagne jusqu'au moyen âge. L'huile de la Madone fut de tout temps un prétexte à toutes les espèces d'escroqueries, et à la plus humble de toutes, qui est la mendicité.

Mais, l'huile payée, le détenu n'avait point encore échappé aux camorristes. Il restait dans leurs mains jusqu'à sa libération. Il ne pouvait faire un pas sans avoir à ses trousses un homme fatal, pesant sur lui de tout son poids et l'accablant d'une implacable vigilance. Le malheureux n'avait plus même ce peu de liberté que laisse le cachot le plus dur ; le moindre de ses actes était non-seulement surveillé, mais taxé rigoureusement ; il ne pouvait ni manger, ni boire, ni jouer, ni fumer sans l'aveu des camorristes. Il leur devait une dîme sur tout l'argent qui lui passait par les mains; il payait pour avoir le droit d'acheter ; il payait pour avoir le droit de vendre ; il payait pour le nécessaire comme pour le superflu ; il payait pour avoir justice comme pour obtenir des priviléges; il payait même quand, plus pauvre et plus nu que les murs de sa geôle, il devait se priver de tout. Ceux qui refusaient l'impôt risquaient d'être assommés à coups de trique. Les plus nombreux se résignaient à cette cruelle servitude et se laissaient enlever sou par sou tout leur *cuivre* par l'infatigable obsession d'un de ces drôles, qui les protégeait d'ailleurs contre les autres, et qui se battait au besoin pour sa victime, après l'avoir dépouillée de son dernier haillon!

Veut-on des détails précis sur les extorsions des camorristes au castel Capuano? J'ai pu consulter à ce sujet plusieurs anciens prisonniers politiques, deux entre autres : M. Michele Persico (aujourd'hui député au parlement) et M. Fittipaldi (aujourd'hui inspecteur à la poste), qui subirent eux-mêmes ce singulier despotisme et qui l'étudièrent avec une sérieuse attention. Ils m'ont dit que la camorra disposait de tout, des armes d'abord, dont elle tolérait ou prohibait l'usage.

Lorsqu'un prisonnier d'un certain rang était amené à la Vicaria, il recevait assez souvent, non des geôliers, mais des sectaires, plus puissants que les geôliers, la permission d'avoir un couteau sur lui pour sa défense personnelle. C'est ainsi que, dès leur arrivée à la Vicaria, M. Michele Persico et le baron Carlo Poerio furent accostés par un compagnon (aujourd'hui galant homme) qui leur fit une profonde révérence et leur présenta deux stylets.

— Prenez, Excellences, leur dit-il; nous vous autorisons à détenir ces armes.

De plus, outre l'impôt régulier qu'il prélevait sur les gens de condition, le camorriste leur assignait les domestiques affectés à leur service. Il y en avait de trois espèces à la Vicaria : les *servi*, les *chiamatori* et les *quartiglieri*. Cette valetaille n'était point affiliée, mais soumise à la secte, qui la plaçait d'abord, puis la rançonnait.

Mais j'aurai souvent à le répéter, la camorra gagnait surtout avec les pauvres. Elle portait aux riches un certain respect et elle avait moins de prise sur eux, ne pouvant les tenir ni par des besoins urgents, ni par des vices ignobles, tandis que les indigents devaient recourir eux-mêmes, pour tous les actes de leur vie, à l'assistance intéressée des compagnons. Ainsi, bon nombre de détenus vendaient à vil prix à un camorriste, non-seulement les habits qu'on leur donnait deux fois par an, mais encore la moitié de la soupe et du pain qu'on leur apportait chaque jour. Le camorriste revendait ces vivres et ces vêtements aux fournisseurs des prisons, qui y trouvaient leur compte et qui les renvoyaient aux détenus sans le moindre scrupule.

Cercle vicieux autour duquel deux séries d'exploiteurs s'enrichissaient aux dépens de pauvres diables à peine vêtus, encore moins nourris, tombant en loques, grelottants, affamés...

Mais pourquoi ces malheureux vendaient-ils leur soupe et leurs habits? Pour fumer un cigare ou boire un verre d'*asprino;* plus souvent pour jouer, seule distraction possible. Or, le tabac, le vin, le jeu appartenaient à la camorra. Ainsi, l'argent que la secte avait payé pour enlever aux détenus leur veste neuve ou leur pitance, revenait fatalement à la secte, qui spéculait sur les plaisirs après avoir spéculé sur les besoins. Bien plus, les camorristes forçaient les prisonniers de jouer, leur apportant impérieusement un paquet de cartes. Les malheureux étaient tenus de se divertir sous peine d'être bâtonnés.

Une des récréations ordinaires de la prison était la *morra* ou le *tocco*, comme on dit à Naples. Tous les Italiens, et même les étrangers connaissent, ou à peu près, cet amusement populaire que j'ai décrit ailleurs. « Deux joueurs portent un poing fermé en l'air et le laissent retomber ensemble en dépliant un certain nombre de doigts (à leur caprice), et en criant un nombre quelconque. Le nombre crié par chacun d'eux doit répondre à la somme des doigts dépliés par l'un et l'autre. Si ce calcul de hasard se trouve juste; si, par exemple, je crie *cinq*, en lâchant trois doigts, tandis que mon adversaire en lâche deux, c'est un point de gagné. Les bras se lèvent et retombent ensemble ; les deux nombres sont criés en même temps, et cela très-vite, en cadence, ce qui rend le jeu fort singulier pour le nouveau venu, qui n'y comprend rien. » (*Naples et les Napolitains*. Collection du *Tour du Monde*.)

Eh bien, la morra ou le tocco occupaient les loisirs de la Vicaria. On jouait quelques carafes de vin, vendues par la camorra, qui avait le monopole de ce commerce. Après lui avoir payé le vin, on lui donnait deux sous à chaque partie. Il en résultait qu'au bout d'un certain temps les joueurs n'avaient plus une obole. Ils revendaient alors aux tyrans, pour avoir de quoi jouer encore, le vin qu'ils leur avaient acheté; mais l'argent que les joueurs en retiraient retournait bientôt dans la poche des camorristes, qui, non contents d'avoir ainsi reçu deux fois le prix des bouteilles, les buvaient encore à la place et à la barbe de leurs victimes altérées et triplement volées.

Avec toutes ces petites industries, la camorra gagnait beaucoup d'argent, qu'elle partageait avec le *custode maggiore* (le geôlier en chef) de la Vicaria. M. Fittipaldi, qui a suivi de près toutes ces manœuvres, m'assure que, dans cette seule prison, et dans une seule semaine, les bénéfices de la secte montèrent à 280 ducats (près de 1,200 francs).

On voit par ces exemples que les détenus se laissaient exploiter d'assez bonne grâce. Il y en eut cependant qui secouèrent violemment le joug et qui s'en trouvèrent à merveille. J'en connais deux, entre autres, qui, emprisonnés sous les Bourbons pour leurs opinions politiques, firent si fière contenance, la première fois que la camorra s'avisa de lever la main sur eux, qu'ils abattirent à leurs pieds les bêtes fauves. Les tigres de la veille devinrent doux comme des moutons. A les voir si pleins de soumission et d'humilité, l'on crut même un instant qu'ils avaient pris les nouveaux venus pour leurs chefs. Il n'en était rien; mais les camorristes se courbaient les premiers sous la loi qu'ils avaient eux-mêmes imposée: comme leurs victimes, ils pliaient sous le droit du plus fort.

Il arriva un jour qu'un prêtre calabrais, jeté en prison pour une affaire d'amour, et accosté dès son entrée par un camorriste, ne put rien lui donner pour la lampe de la Madone, par la raison fort simple qu'il n'avait pas un sou vaillant. Le camorriste fit alors le mauvais et leva sa canne.

— Ah! dit le prêtre, qui était Calabrais, et par conséquent homme de courage, tu ne serais pas si fier si j'avais une arme sur moi.

— Qu'à cela ne tienne! répondit le compagnon piqué d'honneur.

Et aussitôt il alla dans une salle voisine et demanda deux couteaux à son chef. J'ai à dire, à ce propos, que, dans toutes les prisons, la société a son dépôt d'armes si bien cachées, que les porte-clefs ni les surveillants ne les découvrent jamais. Ce dépôt, appelé la *pianta*, est toujours sous la garde et à la disposition du chef[1]. Les compagnons s'adressent à lui pour

1. Trois couteaux au moins étaient toujours dans les mains des chefs, qui les gardaient en dépit de toutes les surveillances. Un inspecteur des prisons m'a raconté que, sachant l'existence de ces trois couteaux, il ordonna une perquisition si minutieuse, qu'il finit par les retrouver — je demande pardon de ce détail — dans le trou des latrines. Un quart d'heure après, il fit une nouvelle visite dans la salle (*camerone*) des camorristes : les chefs avaient déjà trois couteaux neufs! « Otez-nous-les, dit l'un d'eux à l'inspecteur : dans un quart d'heure, nous en aurons trois autres. »

avoir leur couteau quand ils en ont besoin, car ils s'abstiennent de le porter sur eux dans la prison, craignant d'être fouillés et désarmés par les gendarmes.

Le camorriste revint donc avec deux couteaux pareils, en tendit un au prêtre et se mit en garde; mais j'ai dit que le prêtre était Calabrais; il fut donc le plus habile et tua son homme. Alors seulement, la peur le prit, car il se sentit doublement menacé, par les rigueurs de la justice et par les rancunes de la secte. Il se crut sous le coup de deux arrêts de mort. Mais, à sa grande surprise, il échappa, Dieu sait comment, à l'un et à l'autre péril. Non-seulement le pouvoir occulte étouffa l'affaire, peut-être pour ne pas compromettre son autorité, mais encore le prêtre, en se couchant, trouva sur son lit une pile de gros sous. C'était sa part du *barattolo* qu'on lui comptait, comme à un nouveau frère. Il la reçut dès lors de semaine en semaine pendant toute la durée de sa détention.

Un fait pareil et tout récent m'a été raconté par un autre Calabrais, celui-ci laïque. En sortant un soir d'un cabaret où il avait gagné quelque argent au billard, il fut accosté par un homme au bâton noueux, aux épaules carrées, qui lui demanda sa part du bénéfice.

— De quel droit? demanda le Calabrais.

— Pour la camorra, répondit l'homme.

Le premier refusa net, et l'autre, levant alors son bâton, le Calabrais dégaina son stylet. L'homme aussitôt prit la fuite.

Le lendemain, vers la même heure, en sortant du même cabaret, le Calabrais rencontra un autre homme, qui l'aborda le bâton non plus levé, mais tendu, lui disant :

— Prenez, Excellence.

— Que veux-tu que je prenne?

— Ce *bâton animé* (canne à épée), que j'ai l'honneur de vous offrir pour votre belle conduite d'hier au soir.

Le Calabrais eut beau se défendre d'accepter ce singulier présent, il fut persécuté par l'homme avec tant d'insistance, que, de guerre lasse, il se laissa mettre le bâton à la main. Depuis lors, à chaque instant, dans la rue, il se voit saluer par des plébéiens qu'il ne connaît pas et qui le tiennent pour camorriste. Mais ces exemples de révolte sont très-rares, dans les prisons surtout, où l'on ne peut échapper à l'oppression de la camorra.

Les détenus subissent d'autant plus humblement cette tyrannie, qu'ils l'invoquent, ou, du moins, l'invoquaient comme une protection. A la Vicaria, où étaient jetés pêle-mêle les prévenus innocents ou coupables; dans les îles, dans les bagnes et dans les ergastules, où les libéraux vivaient confondus avec les assassins, cette protection était nécessaire pour abriter les honnêtes gens contre la brutalité de leurs compagnons de peine. Il est même probable que, dans l'origine (j'ai à cœur de le constater pour expliquer l'adhésion universelle qui a si longtemps maintenu le prestige de l'association), la camorra fut établie dans l'intérêt des détenus et pour leur sauvegarde. Il est certain que, même sous les Bourbons, la secte maintenait dans les prisons une sorte de tranquillité et de sécurité. En prenant le monopole de la violence et du désordre, les affiliés défendaient aux étrangers d'imiter leur exemple et d'empiéter sur les droits qu'ils s'étaient attribués. Ils extorquaient de l'argent, mais découvraient les voleurs; ils avaient des couteaux, mais confisquaient ceux des autres; ils poignardaient au besoin, mais empêchaient les assassinats. Aussi tous ceux qui tenaient à leur bourse ou à leur vie se mettaient-ils volontiers sous le patronage de la société. Chaque détenu avait son camorriste.

Bien plus, l'autorité commettait aux compagnons le soin de maintenir l'ordre. Chaque matin, à l'heure du lever, ils allaient tirer les détenus des lits qu'ils leur avaient loués eux-mêmes au prix d'un carlin par jour, ou des grabats que leur concédait le fisc, et ils les rassemblaient pour la *conta*, c'est-à-dire pour l'appel ordinaire. Ils faisaient régner la discipline avec une autorité qui manquait aux custodes. M. Persico m'a raconté qu'un jour, en sa présence, un des plus féroces *accrastinatori* (scionneurs ou escarpes) de la ville de Naples, emprisonné pour avoir assassiné d'abord, puis détroussé un capitaine espagnol sur la voie publique, se permit une impudente infraction aux règlements du castel Capuano. Il fit venir sa *mina* (sa maîtresse) à la grille du parloir et s'entretint longtemps avec elle.

— Prends garde, lui dit un de ses amis, *o custode ce talea coi rubini* (le geôlier nous épie avec ses rubis, c'est-à-dire avec ses yeux).

Mais, le bandit ne s'inquiétant point de cet avertissement, le geôlier vint en personne lui ordonner de quitter la place ; à quoi l'homme répondit insolemment par des insultes et des railleries. La scène pouvait mal finir : le geôlier n'osait se colleter avec le terrible scélérat, qui venait de tuer un capitaine espagnol. Que fit-il alors pour se tirer de ce mauvais pas ? Il appela à son secours Diego Zezza, le camorriste.

Ce Diego Zezza était un des plus rudes gaillards de la secte. Il avait pour arme un rasoir *ammanicato* (fixé au manche) avec lequel il portait de cruelles blessures. Il arrivait de la maison d'Aversa, dans laquelle il avait tranché la tête à un homme au moyen de ce formidable couperet. Il s'approcha donc sans peur du farouche *accrastinatore*, et, l'ayant pris par les cheveux, sous les yeux de sa *mina* (cruel outrage !), lui heurta la tête à plusieurs reprises contre la grille, puis le jeta sur un lit où le pauvre homme n'osa plus remuer. On voit que la camorra rendait au besoin des services.

Ce Diego Zezza finit mal. Enfermé plus tard à Monte-Fusco, il souleva contre lui, par ses abus de violence, une véritable conspiration. Il périt assassiné, non par ses compagnons de secte, mais par ses compagnons de bagne.

Cette histoire m'en rappelle une autre qui se passa dans l'*ergastolo* de Santo-Stefano. Un camorriste des plus dangereux y était détenu, surnommé *le Caprariello* (le petit chévrier). Il se trama également un complot contre lui : à un signal donné, tous les forçats l'assaillirent avec des cris de rage. Il se défendit longtemps, et en blessa neuf, dont quatre périrent. Il se battait comme un lion, courant d'étage en étage, dans les galeries superposées qui ceignent la cour du bagne. Acculé enfin dans un coin de la galerie supérieure, ne pouvant plus s'échapper et ne voulant pas se rendre, il monta sur le parapet d'une arcade où il se défendit quelque temps encore, puis se précipita dans la cour, où il alla se briser sur le pavé. Les assaillants ne l'eurent que mort et déjà en pièces.

J'ai dit les services rendus par la secte aux autorités des prisons. Quant à ceux qu'elle rendit aux détenus, je n'ai qu'à rappeler l'histoire du soldat napolitain revenant de Lombardie. Il avait fait, malgré l'ordre de Ferdinand, la campagne de 1848 ; emprisonné à son retour, il fut dépouillé, dès son entrée à la Vicaria, d'une forte somme en or qu'il portait sur lui. La camorra se chargea de faire rendre gorge au voleur, et, à cet effet, elle administra un violent purgatif à tous les détenus. La somme fut retrouvée.

Et maintenant, si l'on veut prendre sur le fait ces singuliers malfaiteurs, et entrer dans le secret de leurs petites affaires intérieures, on n'a qu'à parcourir une correspondance très-curieuse que M. Aveta, questeur de Naples, a bien voulu me communiquer. C'est une quarantaine de lettres surprises récemment dans une prison, signées presque toutes du nom d'Antonio Mormino ou Mormile, chef des camorristes détenus au *Carcere-Nuovo* (prison construite exprès pour eux au coin du castel Capuano). Ces lettres sont adressées à don Vincenzo Zingone, qui commandait les compagnons transportés à l'hospice de San-Francesco pour cause ou sous prétexte de maladie. Rien n'est plus étrange que le style et l'orthographe de ce courrier frauduleux. Chaque lettre est d'une écriture différente, ce qui prouve que Mormino, le chef tout-puissant qui avait le droit de vie ou de mort sur ses subordonnés, ne savait pas écrire! Dans chaque prison, la société a un secrétaire qui jure le secret en entrant en charge; s'il manque à sa parole, il est poignardé.

Toutes les lettres que j'ai sous les yeux commencent par cette phrase: *Caro compagno e compagni tutti* (littéralement : cher compagnon et compagnons tous), et la formule finale est ordinairement celle-ci : *Tutt'i compagni con me salutano tutt'i com-*

pagni con voi. (Tous les compagnons avec moi saluent tous les compagnons avec vous). Chaque lettre est divisée par articles, chacun desquels commence par le mot *dippiù* (de plus), conjonction qui paraît indispensable. Quand l'écrivain n'a plus rien à dire, il conclut par cette phrase sacramentelle : *E non altro* (et voilà tout).

Je ne parle ni de la langue, ni du style, qui ressemble à celui de nos forçats vulgaires ; je note seulement l'extrême politesse de Mormino envers Zingone, qui paraît être son supérieur, ou du moins son ancien, car chaque prison était indépendante de toutes les autres, et les chefs traitaient entre eux d'égal à égal. Mais certains passages me font croire que Zingone avait été l'initiateur du jeune maître qui lui adressait des lettres si respectueuses, le saluant avec l'obséquiosité la plus distinguée. (*Vi ossequio*, lui dit-il, *i più distinti saluti.*)

Passons maintenant à l'objet de ces correspondances[1]. Il s'agit dans toutes des affaires intérieures

1. Dans quelques-unes (je renvoie cette observation dans une note, pour ne pas encombrer mon récit), il y a des passages très-obscurs, souvent même incompréhensibles, tels que celui-ci, qui épouvanterait un commentateur d'Alighieri. *Ciò che avete praticato in persona di Vincenzo Russo sta tutto bene, perciò il sonno di Napoleone il Grande fu bene descifrato da quei dotti che lo seguirono.* Ce qui veut dire en français : « Ce que vous avez pratiqué sur la personne

de la société, des décisions prises, des punitions infligées, des grâces accordées, de l'argent à distribuer, du départ ou de l'arrivée d'un compagnon, des inté-

de Vincenzo Russo est parfaitement bien; par cette raison, le sommeil (ou plus probablement le songe) de Napoléon le Grand fut bien déchiffré par les doctes qui le suivirent. » — Je livre cette énigme à l'investigation du lecteur.

Ce Vincenzo Russo était un compagnon déloyal qui, je crois, avait volé des bijoux sans en rien dire à la société. Pour le punir, on lui enleva la montre et les bagues suspectes, mais on lui laissa ses habits, parce que, écrit Mormile, « nous ne voulons pas qu'il soit dit qu'on lui ait enlevé jusqu'à ses guenilles. »

Quelquefois les lettres entières sont des allégories. J'en tiens une datée d'Aversa, 12 juillet 1862, et adressée par un certain Giuseppe Cangiano à son chef Antonio Mormile. Il est question d'un cheval malade, remis de sa brûlure, mais toujours boiteux; on l'a montré au maréchal ferrant, qui ne sait qu'y faire. « Cher compagnon, répond Mormile, je suis fâché que les jambes du cheval boitent encore. Pendant le long temps qu'elle a demeuré chez moi, la bête est restée inguérissable, cherchez donc le moyen de la faire guérir; après quoi, nous l'enverrons de nouveau à l'herbe... *E non altro* (et c'est tout). »

Je soupçonne fort ce cheval d'être un chrétien malmené par les camorristes.

Outre les lettres de Mormino, cette liasse de papiers contient des autographes de simples compagnons. Ce sont, en général, des billets de recommandation demandant à Zingone sa protection pour un camorriste, ou quelquefois même pour un profane bien disposé envers la société. C'est ainsi qu'un *galant homme* (le mot y est), appelé Michele Canduglio, est adressé au chef des camorristes comme une personne ayant droit à tout le respect possible, parce qu'il avait eu des complaisances pour les compagnons. Un autre, Salvatore Lombardo, est signalé à l'attention de Zingone comme un *picciotto di sgarro di buona morale* (de bonne morale)! Un autre, Carlo Scarpato, est chaudement recommandé par son propre fils dans une lettre pathétique qui fait venir les larmes aux yeux. « Regardez-le tous, rêts communs et quelquefois des intérêts privés des camorristes. Mormino rapporte exactement à son con-

écrit Pasquale Scarpato, comme votre propre père! » Or, ce père et ce fils si tendrement unis venaient de commettre ensemble, à main armée, un vol de douze mille ducats!

Un fait m'a frappé dans cette correspondance, que je viens de relire avec la plus grande attention : je n'y ai pas trouvé un mot de politique. Une seule lettre fait exception à cette règle et tranche encore avec les autres par un certain air de braverie et d'insubordination. Je vais la citer textuellement; elle est adressée à Vincenzo Zingone; mais les deux premiers mots me font croire qu'elle n'est pas d'un camorriste, car les affiliés se donnent entre eux le titre de compagnon, non celui d'ami.

« Cher ami,

» La bourse ne m'a jamais été rendue; puis j'ai à vous dire que je n'ai jamais été détenu à Casoria, où vous prétendez que j'aurais dû vous donner de l'argent pour manger et autre chose.

» J'ai reçu de vous, à San-Francesco, de bonnes actions, mais je dois vous dire que j'en ai eu également de vilains déplaisirs à ne point oublier.

» J'espère m'acquitter du bien et du mal reçus de certaines gens dont je ne veux pas dire les qualités physiques, morales et politiques; je ferais honte à toute la société civile et particulière.

» Je vous salue de cœur. Adieu, avec mes amis libéraux, constitutionnels... *pour le moment*. Mais, quand tout le monde comprendra la constituante (la *costiuente*, dit l'autographe que j'ai sous les yeux), alors nous verrons.

» Votre serviteur et ami,

» MICHELE SILVESTRI.

» Vicaria, 19 juillet 62. »

Sur la plupart des camorristes nommés dans les lettres de Mormile et sur Mormile lui-même, je renvoie le lecteur aux biographies que je compte réunir à la fin de ce volume.

rère tout ce qui se passe dans la prison, lui demande des conseils ou lui donne des instructions, l'interroge ou le renseigne sur les affiliés douteux, lui transmet les décisions de la société au sujet des détenus qui sont à l'hospice, lui envoie de l'argent ou s'excuse de ne pas lui en envoyer. *Per spartere lo carusiello, fa acqua la pipa*, dit-il quelque part allégoriquement, ce qui pourrait se traduire ainsi : « Le tuyau s'est crevé, la tirelire est vide. » Ces lettres sont importantes enfin à cause des noms qu'elles ont révélés à la police, tous accompagnés d'un surnom pittoresque ou facétieux, témoin Pasquale Legittimo, dit *Mozzone* (tronçon, bout de cigare); Ferdinando Miele, dit *Chi t'è vivo* (qui t'est vivant? ou en d'autres termes : qui est ce qui survit dans la famille?); Giovanni Sigillo, dit *Cannetella* (petit tuyau); Ricciardelli, dit *Ciucciaro* (l'ânier); Carmine Linone, dit *Paparuolo* (poivron); Carlo Dilicher, dit *Svizzarotto* (le petit Suisse, preuve que les enfants d'Helvétie au service de Naples ne dédaignaient pas de s'affilier aux voleurs); Nicola Furiano, dit *Calabrese* (le Calabrais), etc., etc.

Rien n'est plus divertissant que l'imperturbable gravité de Mormino quand il parle des débats de la secte.

Il invoque souvent les leçons de ses prédécesseurs, les traditions des ancêtres. Il ne rend jamais compte d'une séance de camorristes sans faire précéder son rapport de cette phrase liturgique : « Mes devoirs m'ont appelé à réunir la société et à mettre en discussion ce qui suit. » Pour *mettre en discussion*, il emploie un mot à lui, *discluzionare*, monstrueux barbarisme.

Avant de montrer par quelques citations la forme et le fond de ces lettres, je dois marquer encore un point important, l'exactitude et la régularité de ces communications d'une prison à l'autre, en dépit de toutes les surveillances. J'ai entendu dire que les geôliers eux-mêmes servaient de messagers aux malfaiteurs; mais je crois plutôt que des individus étrangers à la prison, quelquefois même des inconnus, se chargeaient de ce petit service de poste, témoin la recommandation inscrite au dos de plusieurs lettres : « Donnez cinq sous au porteur. »

Voici maintenant un de ces manuscrits, que je voudrais copier textuellement comme modèle de style et d'orthographe; mais il serait inintelligible, même en Italie. Je dois donc me borner à le traduire aussi littéralement que possible, en mettant entre parenthèses les mots trop monstrueux, pour l'amusement de mes lecteurs italiens.

« Cher compagnon (*combangnio*),

» Après vous avoir salué conjointement à tous les compagnons, je vous remets vos *tangentes* (c'est-à-dire vos parts de *barattolo*).

» Vous et le compagnon Ricchezza, vous devez avoir dix carlins moins deux grains. Ottaiano et le Monaciello (le moinillon) ont droit à six carlins et demi.

» A Bascolo, sept carlins et demi.

» Quant à Simonetta, sa part est retenue.

» Toute la somme monte à quatre ducats et deux grains.

» Vous devez retenir au compagnon Ricchezza vingt-sept grains sur sa part, parce qu'il doit donner deux carlins et sept grains à Branchale.

» La somme qu'il reste à vous remettre est de trente-sept carlins et quatre grains.

» *De plus*, ce matin, la société a daigné décréter que nous *levions la main* à tous les camorristes qui étaient en punition, et ils sont rentrés dans la société.

» *De plus*, les camorristes qui étaient à gauche et qui

ne pouvaient donner leur vote, ont été remis à leur place. Faites-en autant pour Cazzarola (Casserole) qui se trouve à l'hôpital.

» *De plus*, quand vint Salvatore de Crescenzo, il demanda grâce pour les camorristes en punition. Nous tous nous y opposâmes (*gioposamo*, dit l'autographe de Mormile) pour le Ciucciaro, eu égard à la lettre qu'il envoya à Pizzofalcone au compagnon Andolfo, car ladite lettre portait préjudice à la société. Nous avons appelé Andolfo pour prendre connaissance de cette lettre. Et Andolfo nous a assuré (*giasicurato*) qu'il n'avait jamais reçu la lettre, *jurant son honneur* (sic!)...

» Et c'est ainsi que, ce matin, nous avons discuté sur le compte du Ciucciaro, et, ne l'ayant pas trouvé en contravention, nous lui avons levé la main, à lui aussi, c'est-à-dire nous l'avons mis à la gauche de la société. *E non altro* (et c'est tout).

» Je me dis pour toujours et je signe (*sengna*),

» Votre compagnon,

» ANDONIO MORMINO (*sic*). »

J'ai traduit cette lettre entière parce qu'elle est pleine

d'enseignements; mais elle réclame un long commentaire. Antonio Mormino commence par envoyer à son confrère Zingone la part de la camorra qui revient à lui et à ses subordonnés de l'hospice de San-Francesco. Ainsi les malades recevaient régulièrement leur *tangente*. La distribution de tout l'argent extorqué leur était faite de semaine en semaine comme aux autres. Les parts étaient inégales, et le montant des dettes contractées par un camorriste était retenu sur la somme qu'il devait recevoir. Cette distribution était le sujet ordinaire et principal de la correspondance entre les chefs de la secte.

Un autre point à noter dans cette lettre est *la levée de main*, c'est-à-dire la grâce accordée aux camorristes en punition, sur l'intercession d'un de leurs confrères. Ainsi *ceux qui étaient à gauche* furent amnistiés; ils subissaient la peine la plus douce, n'étant privés que de l'honneur de voter et non de leurs droits pécuniaires. Il y avait des peines plus dures: nous en parlerons plus loin.

Insistons, pour le moment, sur les grâces. Elles s'accordaient, ai-je dit, à la prière d'un camorriste influent, ordinairement d'un compagnon fraichement arrivé dans la prison et dont on fêtait la bienvenue par des indulgences plénières. C'est ainsi qu'à l'arrivée de Nicola Avitabile dans la *carcere nuovo* de la Vicaria, la société assemblée leva la main à Nicolas Furiano, dit le Calabrais; à Carlo Dilicher, dit le petit Suisse (*Svizzarotto*), et à Ricciardelli, dit l'Anier (*Ciucciaro*), le même dont il a été question plus haut dans la lettre que j'ai citée. « Bien entendu cependant, écrit à ce sujet Mormile, que les compagnons de cette prison *ont replacé le Ciucciaro avec la corde au cou* (c'est-à-dire, lui ont pardonné malgré eux); je vous prie de le lui faire savoir, et vous lui direz que ce matin il recevra la camorra, mais qu'à la moindre petite faute de désordre qu'il commettra dans votre hôpital, je vous autorise à lui enlever de nouveau tous ses droits et à le remettre *al presidio* (c'est-à-dire sous surveillance !). »

Voilà déjà une peine plus forte, la privation de la camorra et la mise au présidio. Cette peine équivalait à une suspension temporaire qui privait le condamné de tous ses droits. La suspension pouvait ne durer qu'un mois ou deux; elle punissait alors les infractions légères. Ainsi, dans la lettre même dont je viens de citer un passage, je trouve un Giuseppe Aiello suspendu pour un mois parce qu'il avait manqué de respect au camorriste de journée. Un autre, Ignazio Giglione, est suspendu pour une année, parce qu'étant de journée il a manqué à son devoir.

Mais ces punitions étaient rarement subies jusqu'au terme fixé par le jugement. Les grâces pleuvaient dru comme grêle. Ainsi, lorsque le fameux Salvatore de Crescenzo, le prince des camorristes, le brave et le sage par excellence, le *grand homme*, comme l'appelle Mormino, fit sa rentrée solennelle à la Vicaria, le chapeau sur la tête, le poing sur la hanche, prenant le pas sur toutes les préséances, levant le front par-dessus toutes les autorités, écartant les autres chefs, éclipsant les étoiles, tel que le roi-soleil, il étendit sa clémence, comme nous l'avons vu, sur tous les délits de ses sujets, qu'il daignait encore appeler ses frères. Zingone fit quelques objections à propos de deux *picciotti di sgarro*; mais Mormino se hâta de lui répondre :

— Levez la main, parce que c'est un pardon général invoqué par Salvatore de Crescenzo. Seulement, si les délinquants retombaient en faute, je remets leur sort à votre sublime sagesse (*alla sublima vostra sagezza*.)

Qu'on note, en passant, ce *sublima*, qui est un gros barbarisme.

Une immense acclamation de gratitude accueillit l'amnistie octroyée par de Crescenzo.

« Toutes les langues humaines ne nous suffisent pas, écrit l'un des graciés, Carmine Roselli, pour remercier l'une et l'autre société (celle du Carcere-Nuovo et celle de San-Francesco), tandis que nous ne méritions pas leur clémence. »

O sacro-sainte humilité d'un coupeur de bourses! Nous sommes des voleurs, des meurtriers au besoin, peccadilles! Mais nous avons manqué aux règlements de la camorra, voilà le crime qui nous pèse sur la conscience. Si la cour d'assises nous absolvait, elle ne ferait que son devoir et nous ne lui donnerions pas même un coup de chapeau; mais nous tombons à deux genoux devant le compagnon miséricordieux qui nous pardonne!...

III

LA CAMORRA QUI TUE

Les sentences de mort. — Les exécutions. — Antonio Lubrano, dit Porta di Massa. — Comment Lombardi poignarda Caccaviello pour mériter l'honneur de tuer Forastiero, qui avait assassiné Doria. — Cirillo et le *Zellosiello*. — L'*Aversano*, son crime et sa mort. — Histoire d'un bourreau déçu et d'un meurtre *in extremis*. — Haines entre camorristes. — Les Napolitains et les provinciaux. — Scènes sanglantes.

Il y avait cependant une peine plus terrible que la suspension temporaire et que l'expulsion définitive, il y avait la peine de mort. Elle frappait le compagnon déloyal qui avait trompé ou trahi l'association, soit par des fraudes ou des vols commis à son préjudice, soit par une tentative d'adultère avec la femme d'un camorriste, soit par des dénonciations ou même de simples indiscrétions; soit, enfin (mais contre ce dernier délit la secte ne fut pas toujours bien sévère), par une opération quelconque (vol, *sfregio* ou meurtre), exécutée à l'instigation ou au service d'un homme étranger à la société!

La peine de mort était prononcée solennellement, après un débat dans les formes, où l'accusé, tenu à l'écart, attendait sa sentence, et où tel compagnon était désigné d'office comme ministère public, tel autre comme défenseur, tandis que tous les affiliés étaient convoqués et réunis en même temps comme témoins, jurés et juges.

La sentence une fois déclarée, un *picciotto* quelconque, ordinairement tiré au sort, était chargé de l'exécution. Si, par miracle, il déclinait cet honneur, il était passible de la peine qu'il refusait d'infliger, et ne pouvait y échapper par la fuite; car, signalé aussitôt à tous les chefs de la ville et des provinces, il était sûr de trouver, dans toutes les prisons, dans tous les mauvais lieux du royaume, un couteau levé sur lui.

Les lettres de Mormile (ou Mormino), que je continue à parcourir, parlent d'un certain nombre de camorristes mis en jugement à leur entrée au Carcere-Nuovo, « pour n'avoir pas su accomplir le devoir que nos prédécesseurs nous ont enseigné ; ces hommes, en effet, étant restés longtemps en ce lieu (dans une autre prison), n'y sont pas arrivés à détruire Pasquale Capozzo, l'infâme scélérat, qui a commis une infamie très-connue et dont l'Europe entière fut informée. En conséquence, nous avons délibéré et décidé ce qui suit... »

Ce Pasquale Capozzo (qui avait dénoncé des camorristes) était donc coupable d'infamie, et, par conséquent, condamné à mort. Quant à ceux qui, enfermés avec lui dans la même prison, *n'étaient point parvenus à le détruire*, ils furent condamnés également à l'unanimité. La lettre de Mormile ne dit pas à quelle peine; mais ce silence même le fait entendre assez clairement. J'ai indiqué plus haut les lois de sang qui régissent la société : tout le contraire des préceptes évangéliques : « Celui qui refuse d'être bourreau sera victime. Celui qui ne tire pas le couteau, périra par le couteau ! »

Giro Cozzolino et Agostino Angelino (les deux hommes qui n'avaient pas détruit Capozzo) étaient donc deux hommes morts; mais leur exécution fut contremandée par l'ordre du maître des maîtres, Salvatore de Crescenzo.

La société se réunit une seconde fois et adoucit la sentence.

Cependant Agostino avait parlé à Capozzo ; on les avait vus ensemble; il le confessait lui-même. Quel qu'en fût l'objet, cette conversation était un crime et une honte dont il ne pouvait plus se relever.

Il fut *tolto di barattolo*, c'est-à-dire proscrit de la société comme traître et infâme.

Voilà un exemple d'indulgence; mais la secte ne cassait pas toujours ses arrêts. Si le Capozzo dont j'ai parlé plus haut put échapper à la sentence prononcée contre lui, ce fut grâce à la prudence d'un inspecteur des prisons qui, pendant plusieurs mois, le tint *toujours* séparé des autres. Son compagnon de trahison, Antonio Lubrano, fut moins heureux. Le moment est venu de raconter son histoire.

Cet Antonio Lubrano couvait une vieille haine contre Salvatore de Crescenzo, *le grand homme*. On l'avait réconcilié avec lui, mais la rancune était restée. Ces hommes violents ne pardonnent jamais. Les deux ennemis furent enfermés ensemble avec beaucoup d'autres dans l'île de Ponza, où la réaction alla les chercher, pendant le siége de Gaëte, si j'ai bonne mémoire, et leur offrit des moyens d'évasion, à condition qu'ils voulussent entrer dans une bande de brigands. L'affaire fut bientôt conclue; de Crescenzo devait être le Crocco de cette armée bourbonienne. Mais Lubrano ne laissa pas échapper cette occasion de frapper un ennemi; il se hâta de le dénoncer aux autorités de l'île. Pour ce service éclatant, il fut gracié d'un côté par le pouvoir officiel, mais condamné de l'autre par le pouvoir occulte. Condamné à mort

Il commit encore un crime très-grave. Rendu à la liberté, il se livra très-effrontément à la contrebande; mais ce ne fut pas là son péché. Il eut le tort bien plus grand d'exercer son métier pour son propre compte et de n'en point partager les profits avec la secte. On m'assure qu'au mois de septembre de la présente année, ses compagnons de la Vicaria lui envoyèrent demander la somme de mille ducats. Il ne la fournit point, et, pour la seconde fois, fut condamné à mort.

Repris par la police, le 3 octobre, dans la razzia des camorristes, ordonnée et vaillamment opérée par le questeur Aveta, Antonio Lubrano, surnommé *Porta di Massa* (du nom de son *quartier*), fut conduit dans le *camerone* où étaient enfermés tous les affiliés de la secte. Dès son entrée, il heurta trois hommes qui l'attendaient, et qui, se jetant sur lui, l'égorgèrent. Je dis trois hommes, mais d'autres disent huit; car le cadavre portait huit blessures, toutes de couteaux différents.

Telle était la puissance de la secte, et particulièrement l'autorité de Salvatore de Crescenzo, qui avait forcé l'exécution. Mormino ni Zingone ne faisaient jamais rien sans le consulter, bien qu'il ne fût pas le chef en titre du castel Capuano. Il envoya à Zingone la sentence de Lubrano par la femme du *Mozzone*. Cette mégère s'était chargée de consigner l'arrêt de mort, caché dans un panier de raisins.

Je n'ai point achevé cette histoire sinistre. J'ai dit que le condamné fut frappé par trois compagnons, selon les uns, par huit au dire des autres. Mais un seul s'attribua le crime, ou se l'accola (*se l'accollò*), d'après le mot consacré. C'était un simple picciotto nommé Nicolas Furiano, et surnommé *le Calabrese* (le Calabrais), réactionnaire enragé comme de Crescenzo, fort mauvais sujet, du reste, et très-ambitieux. Pour passer picciotto, il s'était chargé de balafrer, sur l'ordre des compagnons, un détenu de San-Francesco, et, pour entrer dans cet hôpital, il s'était inoculé je ne sais quelle maladie. Il prit sur lui le meurtre de Lubrano pour devenir camorriste.

Rien n'était plus ordinaire que ces genres de substitutions dans les prisons de l'ancien royaume. Le plus souvent, le picciotto s'attribuait l'assassinat qu'il n'avait pas commis pour monter en grade; mais on en a vu qui commettaient le crime pour le compte d'un autre, à condition que cet autre se dénonçât lui-même à leur place. Tel fut un sectaire dont je n'ai pas gardé le nom, et qui consentit un jour à servir la rancune d'un détenu non camorriste. Ce dernier avait un ennemi dans l'ergastule[1], mais n'osait le frapper. Il recourut donc au sectaire, qui lui dit :

— Je ferai le coup, mais tu le prendras sur toi.

Or, une loi du code aboli protégeait l'homicide commis dans l'ergastule; je veux dire que ce crime n'était pas puni de mort quand la provocation était prouvée. Il ne s'agissait donc que de prouver la provocation.

1. L'ergastule était le plus triste endroit de détention; on y envoyait les malheureux condamnés à la peine la plus dure. La peine la plus douce était la *prigionia*, qui durait jusqu'à cinq ans, puis la *reclusione*, jusqu'à dix, puis le *presidio*, le *bagno*, et enfin l'*ergastolo*. C'est à l'ergastolo que furent condamnés Spaventa, Settembrini, Agresti et leurs compagnons politiques.

Aussi, quand un camorriste ou un picciotto venait de tuer un homme, se donnait-il assez volontiers un coup de couteau de sa propre main, pour faire croire qu'il avait été attaqué par sa victime.

Le détenu dont je parle se fit donc souffleter publiquement par l'homme dont il avait commandé le meurtre, et cet homme fut tué peu après par le sectaire avec une religieuse ponctualité. Par bonheur, ou par miracle, car de pareilles révélations sont rares, la justice fut informée de cet arrangement. L'instigateur du crime ne put se faire condamner, bien qu'il jurât ses grands dieux qu'il était coupable; et l'assassin, qui ne s'était pas arrangé de manière à être provoqué, fut pendu.

J'ai montré par un fait récent que les sentences des camorristes étaient strictement exécutées. J'ajoute maintenant qu'il était défendu à tout camorriste de tuer un de ses compagnons sans un jugement de la secte, et je vais le prouver par un autre fait.

Un des hommes importants de la camorra, un *propriétaire*, Antonio Forastiero, détenu pour un délit quelconque au présidio, d'où il s'était évadé peu de temps avant l'expiration de sa peine, arrêté de nouveau parce qu'on l'avait surpris une canne à épée dans la main, fut accusé par les journaux et dénoncé par un camorriste, appelé Vincenzo Doria, comme l'auteur d'une extorsion de deux cents ducats commise au préjudice d'un négociant. Averti du fait, le soir même de la dénonciation (24 août 1861), Forastiero sauta sur le lit où dormait le délateur et lui donna trois coups de couteau sans la permission des autres camorristes.

Le blessé fut transporté à l'hôpital de San-Francesco, où il mourut la nuit même. Avant d'expirer, il avait désigné comme son meurtrier Antonio Forastiero. Aussitôt Caccaviello (le chef de la camorra dans l'hôpital) et les autres compagnons qui y étaient détenus (le *Capraio*, Gennaro Morra, l'*Orefice*, etc.) demandèrent à être conduits à la Vicaria. Cette faveur leur fut accordée deux jours après. A peine arrivés dans le camerone des camorristes, ils réunirent tous les compagnons, tinrent conseil et décidèrent ce qui suit :

Le chef par intérim qui avait remplacé le chef titulaire (lequel était précisément cet Antonio Mormile dont nous avons parcouru plus haut les correspondances; Mormile, se trouvant malade, avait passé la nuit de l'assassinat à l'hôpital), le chef par intérim, disons-nous, le *contarulo* et le camorriste de service furent chassés de la camorra pour avoir permis un homicide en l'absence et sans la permission du chef élu. Les autres camorristes présents à l'action furent suspendus pour une année. Quant à Forastiero, il fut condamné à mort.

Je dois dire cependant que, le soir même du meurtre, les compagnons présents s'étaient réunis à l'écart dans un coin du camerone et avaient débattu longtemps en présence de Forastiero, qui se tenait à l'autre bout de la salle, entouré de quelques amis aveuglément dévoués. Témoin de la scène, qu'il suivait à travers une grille, l'inspecteur Luigi Baculo, de qui je tiens le fait, prévit qu'il y aurait encore du sang versé. Il résolut aussitôt de séparer Forastiero des autres camorristes. Dès lors, l'assassin fut mis à part, et, chose étrange, malgré lui!

Cependant, parmi les compagnons suspendus pour n'avoir pas empêché l'homicide, se trouvaient deux hommes, Garofaniello et Lombardi, qui prièrent Mormile (revenu de l'hôpital et présent au jugement) de les envoyer à San-Francesco, où ils espéraient rentrer en grâce en se rendant indispensables. Mais Caccaviello, qui était rentré dans l'hôpital où il dirigeait la camorra, ne voulut rien faire pour eux, leur reprochant vivement d'avoir trempé dans un meurtre barbare sans l'aveu de leurs supérieurs. Il finit cependant par s'adoucir en recevant d'eux quelques piastres; mais, tout en acceptant leur monnaie, il faisait dire secrètement à Mormile (ou Mormino) de ne point céder à leurs supplications. — Lombardi et Garofaniello s'aperçurent bientôt de ce manège et résolurent entre eux de se venger. On voit qu'il s'agit ici d'une histoire très-compliquée, pleine d'intérêts très-divers, et bien faite pour dévoiler toutes les intrigues de la secte.

Or, il advint, le 3 septembre, que le chef Caccaviello appela un *picciotto di sgarro*, nommé Pelorosso, et lui ordonna de chasser de l'*udienza*, c'est-à-dire de la salle où l'on venait visiter les détenus, un certain nombre de visiteurs. Cet acte arbitraire souleva des clameurs; Garofaniello et Lombardi voulurent profiter du tumulte. Ils eurent la triste idée de simuler un commencement de rixe, dans l'intention de provoquer une vraie bataille où intervînt le chef, qui, dans la mêlée, pourrait être massacré... par hasard.

Le fait arriva comme ils l'avaient préparé. Appelé à

son secours par un des combattants, Caccaviello se jeta parmi les couteaux et tomba presque mort. Lombardi se vanta d'avoir fait le coup, et tous lui rendirent hommage. Ce n'est pas, en effet, un mince honneur que de frapper un chef de camorristes. L'heureux vainqueur obtint sur-le-champ la glorieuse mission de tuer Forastiero.

A cet effet, un couteau lui fut donné par un de ses compagnons d'hôpital. Il fut convenu que le terrible camorriste, qui avait illégalement tué Doria et qui, pour cet acte irrégulier, était condamné par la secte, serait attiré par je ne sais quelles manœuvres dans la prison de San-Francesco. Lombardi devait se tenir à la troisième grille du couloir qui mène à la salle de chirurgie. Là, il aurait attendu son homme, et, le prenant au passage, il l'aurait égorgé.

Averti de tout cela, Forastiero supplia l'inspecteur de l'envoyer à San-Francesco, au milieu de ses ennemis; il parlait de les tuer tous; il l'aurait fait peut-être. Mais M. Luigi Baculo, comme on le pense bien, ne tenait guère à cette boucherie. Il envoya donc le condamné à Portici, dans la prison du Granatello, expier son dernier crime; et, la peine expirée, ce farouche bandit doit retourner dans la prison d'Aversa pour achever l'expiation du premier.

Un camorriste n'avait donc pas le droit de tuer un de ses compagnons sans la permission des autres. En revanche, hors de la secte, il pouvait assassiner à son bon plaisir. Ainsi, le très-fameux Filippo Cirillo ne reçut que des félicitations pour le crime qu'il fit commettre il y a une douzaine d'années. Ce Cirillo avait rendu quelques services à l'inspecteur Michele Ruggiero; il lui demanda, en revanche, une faveur que l'honnête fonctionnaire dut lui refuser, je ne saurais dire laquelle. Aussitôt l'inspecteur fut condamné à mort dans la pensée du camorriste. Un picciotto, nommé le *Zellosiello,* pour monter en grade, se chargea de l'exécution. Cirillo, devant être transporté dans une autre prison, dit au picciotto :

— Attends mon départ; vingt-quatre heures après, tue l'inspecteur !

Le Zellosiello attendit le départ de son maître ; vingt-quatre heures après, l'inspecteur était tué.

Arrêté, interrogé, livré à la justice, condamné à mort, le picciotto ne prononça pas une seule fois le nom de Cirillo. Il fut enfin pendu, ce vaillant misérable ! Le roi Ferdinand en gracia beaucoup qui ne le valaient pas.

Mais c'était là le beau côté de la secte. Je n'ai point essayé de la trop charger, on me rendra cette justice; j'ai dit, par exemple, les services qu'elle rendait aux détenus. J'ai même constaté qu'en 1848 elle respecta les prisonniers politiques. Mais j'ajoute que, même alors, il y eut des affiliés qui firent tout le contraire, témoin ce Giuseppe d'Alessandro, surnommé *l'Aversano*, qui s'avisa de provoquer un mouvement de réaction à la Vicaria. Les libéraux se consolaient de leur captivité en chantant des hymnes patriotiques; mais l'Aversano les engageait à se taire; et, un beau jour, pour répondre à leurs manifestations courageuses, il ameuta ses hommes au cri de « Vive le roi! » Une contre-démonstration s'ensuivit, et un tumulte effroyable; sur quoi, cinq libéraux furent pris, couchés sur une table, et frappés de cent coups de verges. On procédait ainsi sous le gouvernement paternel des Bourbons.

Quant à l'Aversano, provocateur de ces troubles, il obtint sa grâce et devint bientôt espion, puis chef d'escouade. Arrêté plus tard, en 1860, avec Manetti, pour le fameux coup de bâton donné en pleine rue à M. Brénier, ministre de France, il fut, je crois, condamné à mort par la secte. Un certain Lombardi l'accosta dans la prison et le tua.

J'ai dit aussi la fraternité qui liait entre eux tous les camorristes, et j'en ai donné pour preuve la sentence portée contre Forastiero, qui avait frappé l'un de ses compagnons. Mais je dois ajouter que des inimitiés terribles éclataient souvent parmi ces hommes, unis par tant d'intérêts communs, et que ces inimitiés les poussèrent plus d'une fois jusqu'aux actions les plus étranges. On m'a cité l'exemple d'un homme qui, pour se venger d'une raillerie insultante, et n'osant attaquer l'offenseur, plus habile au couteau que lui, couva lentement sa haine et sa rancune, qui durèrent quinze années. Pendant ce temps, le camorriste qu'il voulait tuer (Luigi Russo) courait de prison en prison et de ville en ville, promenant un arrêt de mort dont il appelait à tous les tribunaux et qui fut confirmé trois fois, à Avellino, à Potenza et à Salerne; il finit par se pourvoir à Naples. Que fit alors son ennemi pour exécuter le sinistre projet qu'il avait conçu depuis si longtemps? Dans la conviction que la triple sentence serait confirmée par la cour de Naples, il postula et obtint l'office de bourreau.

— Luigi Russo périra de ma main ! s'écria-t-il alors, sûr de sa vengeance.

Hélas ! il avait compté sans les juges de Naples. L'homme qui devait périr de sa main fut acquitté !

On cite aussi l'histoire d'un camorriste redouté qui s'était retiré du monde, et qui ne quittait plus sa maison, frappé d'une maladie de poitrine. Pendant qu'il souffrait comme le lion mourant, on vint lui dire qu'un de ses anciens compagnons s'était avisé de le railler dans une taverne de la Vicaria : toujours le coup de pied de l'âne ! Il sauta aussitôt à bas de son lit, prit son couteau, courut à la taverne, et, trouvant son homme, lui coupa la gorge. Puis, exténué par cet effort suprême, il s'en revint mourir chez lui.

Mais ce ne sont là que des haines d'homme à homme. Il y en avait de plus terribles entre les partis formés dans la secte, tantôt autour des chefs influents, tantôt même, il faut le dire, au service des hommes qui se succédaient au gouvernement. On m'assure qu'autrefois, sous les Bourbons, et même quelque temps après leur chute, il y eut deux *camorre*, l'une favorable, l'autre hostile au pouvoir, qui se servait de la première pour combattre ou du moins pour balancer la seconde. Je n'ai pas de données précises pour prouver ce fait, mais ce que je sais positivement, c'est que, sous les Bourbons, ces rivalités entre groupes de compagnons se manifestèrent par des conflits féroces. J'ai à ce sujet quelques pages fort intéressantes à citer; je les emprunte à un roman de M. Alessandro Avitabile, intitulé *Carlo il Discolo,* et publié à Naples il y a quelques années. Que ce nom de roman n'effraye point le lecteur: M. Avitabile m'a certifié qu'il a peint la scène d'après nature, sans y ajouter un trait ni forcer nullement la couleur; il n'a changé que les noms des acteurs et des victimes.

Mais, en rouvrant ce livre, j'y trouve une description poignante des prisons, telles qu'elles étaient sous Ferdinand II. Je citerai d'abord ce morceau, qui introduira le lecteur sur le lugubre lieu de la scène. On y verra la confirmation de plusieurs faits que j'ai déjà indiqués.

« La prison du peuple est au-dessous de celle des nobles et divisée comme suit : la première chambre est une sorte de parloir; au fond s'ouvre une grille en fer par laquelle on descend dans l'intérieur, et deux portes à droite, par l'une desquelles on entre dans cinq petits cachots appelés *le camerelle*, et, par l'autre, dans un corridor étroit qui monte à la chapelle des condamnés à mort.

» La grille en fer une fois franchie, on descend des degrés et l'on arrive au rez-de-chaussée, partagé en plusieurs chambres pour l'usage des *sous-clefs*, et en cinq salles très-vastes (*cameroni*). Chacune de ces salles a un nom qui lui fut donné par les prisonniers, de temps immémorial. La première est celle du *pain*, parce qu'on y distribue chaque jour le pain et la soupe. La seconde est celle des *strappuntini* (des matelas), parce que c'est la seule où figurent ces objets de luxe. La troisième est celle de la *taverne*, parce qu'elle mène dans une cour entourée de hautes murailles, dans laquelle sont divers fourneaux pour l'usage des prisonniers, et une grande croisée qui donne de l'air et du jour à la prison des nobles, unique endroit où puissent se voir et se parler les détenus des diverses prisons. La quatrième salle, étant la plus étroite, a reçu le nom de *cameroncello;* quant à la cinquième, la plus vaste et habitée par les plus pauvres, on l'appelle le *camerone des désespérés.*

» Le plancher de la prison entière est en bois de saule, mais poli comme du marbre par le frottement continuel des pieds nus qui l'ont foulé et qui le foulent toujours; et la plupart de ces détenus sont affamés, déchirés, sales à faire peur, bien qu'on distribue chaque jour à chacun d'eux une forte assiettée de soupe aux pâtes, au riz ou aux légumes et un pain, nourriture qui suffirait pour ôter la faim si ces malheureux n'en vendaient pas la moitié pour un sou! Ils sont ennemis de leur propre existence.

» On leur donne encore un petit matelas pour se coucher : les prisonniers l'appellent *faldo*, mais la plupart de ces êtres qui portent le nom d'homme, le cèdent à ceux qui veulent dormir plus commodément, et cela au prix de quatre ou cinq sous par semaine! et, pour gagner ces pauvres morceaux de cuivre, ils se condamnent à dormir sur la terre nue, et ceci non-seulement en été, mais dans l'hiver le plus rigide. Deux fois l'an, on donne une chemise aux plus misérables et aux plus déchirés; une paire de pantalons et une jaquette, vêtements que cette gent perdue, sans les endosser même une seule fois, vend au plus vil prix! et tout cela, pour nourrir les vices qui les ont traînés au crime et poussés, comme des ennemis, contre la société, contre Dieu!

» Ces êtres ignobles et repoussants passent toutes les heures de leur vie dans l'oisiveté, chantant des chansons obscènes, blasphémant, jouant et pensant au jour où ils finiront leur peine et retourneront libres dans la société, non pour devenir meilleurs et utiles... mais pour se jeter de nouveau dans la crapule et reprendre leur métier d'assassins et de voleurs. »

Telles étaient les prisons sous Ferdinand II. Un Italien de Naples, un des meilleurs, Eugenio Cosmi, chargé d'inspecter ces bouges à la chute des Bourbons, m'a dit qu'en entrant à la Vicaria, dans la première salle qu'il se fit ouvrir, il trouva des hommes complétement nus et couchés dans la vermine !

Voilà le régime que la réaction voudrait rétablir.

J'arrive maintenant au récit de M. Alessandro Avitabile. Je rappelle que c'est une scène de roman, mais peinte exactement d'après nature.

« Giuseppe (c'est le nom d'un nouveau détenu) descendit dans la prison. Dans le premier camerone, il rencontra Antonio Ottaïano, chef de la camorra des provinciaux. C'était un homme de quarante ans environ, très-petit, fluet, au visage décharné, aux yeux farouches et féroces, une tête d'oiseau de proie. Il portait le costume des brigands, et, pour unique marque de distinction dénotant son grade honorifique dans la prison du castel Capuano, un bonnet rouge à galons d'or et couvert d'autres broderies.

» Cet homme était suivi de deux autres camorristes vêtus comme lui; seulement, la broderie de leur bonnet était moins large, pour marquer l'infériorité du grade.

« L'un de ceux-ci prit Giuseppe par un bras et le présenta au chef en lui disant :

» — Voici un nouvel hôte.

» Et Giuseppe, qui connaissait les usages de la prison, car ce n'était pas la première fois qu'il y venait habiter, ôta aussitôt son bonnet et baisa avec beaucoup de respect la main du chef de la camorra, qui lui adressa les questions suivantes :

» — Quand es-tu venu?

» — A l'instant même.

» — Et pourquoi es-tu descendu ici sans te présenter d'abord à moi?

» — Je suis venu ici pour vous chercher et faire mon devoir.

» — C'est bien, c'est bien. De quelle province es-tu?

» — Je suis Napolitain.

» Antonio, en le raillant, répéta le mot avec beaucoup de mépris et d'ironie, et l'un de sa suite ajouta sur le même ton :

» — Napolitain, c'est la même chose qu'imbécile.

» Giuseppe le regarda avec un peu de ressentiment, et l'autre manant qui était plus près de lui, lui appliqua un soufflet si fort, qu'il l'étourdit pour plus d'une heure. Giuseppe se mit à pleurer de douleur et de rage. Puis, mordant son bonnet, il s'écria :

» — Mais c'est une injustice ! je n'ai rien fait, moi.

» Et le chef, avec un mépris croissant, lui répondit :

» — Tu as raison, pauvre galanthomme : plains-t'en aux braves, à tes courageux *pays*, pour qu'ils viennent te venger.

» Et, se tournant vers l'un de ceux qui le suivaient, il continua :

» — A cette femmelette, tu donneras une place dans la cinquième salle, parmi les désespérés.

» — Mais, reprit Giuseppe, je n'ai pas refusé de payer le droit...; donc...

» — Tu payeras le droit et tu iras là. Va-t'en, grand lâche !

» Et, ce disant, Antonio accompagna son ordre d'un

coup de pied; l'un des bravaches y ajouta un coup de poing, l'autre un coup violent d'épaule... »

Tous ces détails sont pris sur le fait.

« Ce fut ainsi que cet homme mauvais, opprimé par des hommes plus mauvais encore, s'éloigna frémissant de colère et désirant un couteau, une arme quelconque pour se venger.

» Dans la salle de la taverne, il rencontra quelques-uns de ses amis de vieille date qui, le voyant pleurer et découvrant sa joue toute rouge, lui demandèrent ce qui lui était arrivé.

» Giuseppe leur raconta l'outrage qu'il avait reçu et leur demanda un couteau pour se venger; mais un d'entre eux, se mordant les doigts de dépit, s'écria :

» — Nous n'en avons pas ici; ces fanfarons nous ont enlevé jusqu'à la ferraille, et c'est pour cela qu'ils font les braves.

» — Mais donnez-moi un morceau de bois, je le taillerai en pointe et je leur arracherai l'âme du corps!

» — Oui, tu le tailleras en pointe, et avec quoi?

» — Avec un fragment de vitre, avec mes dents.

» Et un autre ajouta :

» — Pour le moment, il faut de la prudence; j'espère

qu'il nous viendra bientôt des armes de là-haut ; le chef de la société nous les a promises.

» — Oui, Filippo (ainsi se nommait le chef de la camorra de la prison des nobles) promet toujours et ne tient jamais : il voudrait tout arranger avec des phrases, et, ici, il faut du sang.

» — Tu as raison, il faut écrire à Alberico. C'est le seul homme de courage qu'il y ait là-haut, et il est capable d'une résolution. L'ergastolo ne l'effraye point. Il fait le camorriste par amour, et non par intérêt comme tous les autres, qui ne sont bons qu'à toucher le samedi leur part du gain.

» — Oui, écris-lui, au nom de tous, et dis-lui que nous ne voulons plus souffrir cette injuste et infâme tyrannie.

» — J'y vais donc, mais que l'un de vous fasse sentinelle afin que je ne sois pas surpris.

» — Allons ! dit l'un des interlocuteurs.

» Et ils partirent.

» Peu après, Giuseppe s'entendit appeler à haute voix par un camorriste qui le joignit bientôt, et qui lui dit en le heurtant avec un mépris extrême :

» — Eh bien, tu fais le sourd ? Tu es descendu ici

avec une mauvaise idée, tu es las de vivre. Vite, donne-moi une piastre.

» — Une piastre? lui demanda Giuseppe.

» — Oui, et de poids.

» — Et pourquoi?

» — Pardieu! pour ton entrée et pour ta place.

» — C'est trop, et je ne l'ai pas.

» — Dépêchons, pas de paroles et tire l'argent.

» Ce disant, il le prit par le revers de l'habit et le secoua rudement à plusieurs reprises.

» — Mais, je le répète, je ne vous peux rien donner en ce moment, parce que je n'ai pas le sou; vous aurez aujourd'hui tout ce que vous voudrez quand ma mère sera venue.

» — Voilà qui est bien. Tu commences à parler raisonnablement, dit le camorriste en lui ôtant le bonnet de la tête.

» Et, après avoir regardé ce bonnet avec attention, il lui dit :

» — Ce galon est fin; veux-tu le vendre?

» — Non, monsieur, je ne le vends pas.

» — Eh bien, je te le rendrai quand tu m'auras donné la piastre.

» Sur quoi, il partit, emportant le bonnet, et Giuseppe, se mordant les mains de rage plus fort qu'auparavant, demanda de nouveau à ses compagnons un couteau pour sa vengeance. Mais ceux-ci, l'exhortant à patienter encore, allèrent tous ensemble rejoindre l'ami qui écrivait la lettre, afin de lui raconter le dernier incident.

» La lettre fut aussitôt faite et envoyée par une personne sûre. Alberico se la fit lire par le secrétaire de la société, et, en l'entendant, écuma de colère. Puis il courut chez le chef et le força de convoquer tous les compagnons en conseil.

» Quand le noble congrès fut réuni, le jeune Albéric prit la parole et rapporta à ses compagnons tout ce qui lui avait été écrit. Son discours fut très-vif ; il conclut par ces paroles :

» — Non, nous ne pouvons ni ne devons plus longtemps souffrir les abus des provinciaux. Si nous leur pardonnons cette fois encore, nous ferons une détestable figure. Nos frères des bagnes et des ergastules auront tous les droits du monde de nous accuser et de nous appeler vils et infâmes pour toute notre vie.

» Ces paroles électrisèrent les compagnons. Ils décidèrent à l'unanimité qu'il fallait sur-le-champ convoquer le conseil des deux *camorre* pour statuer définitivement sur le fait. Et, au moment même, on expédia l'avis, au chef de la société de la prison du peuple, qu'il eût, dans l'espace d'une heure, à se réunir avec ses compagnons dans la cour.

» Alors les aspirants camorristes, appelés *picciotti di sgarro*, s'étant armés de bâtons, firent d'abord sortir tous les détenus qui remplissaient la salle de Sant'-Onofrio, celle où règne la large grille donnant sur la cour. Ceux d'en bas balayèrent également la cour, et, en quelques instants, ces deux endroits furent tout à fait libres et vides.

» Ceux qui composaient la société des provinciaux, vêtus avec le plus grand luxe, et précédés de leurs chefs, descendirent dans la cour et s'assirent en face de la grande fenêtre. Peu après, de l'autre côté de la grille, prirent place ceux de Naples, en grand gala comme les autres, et précédés, comme eux, de leur chef. La société ainsi réunie, la discussion commença.

» Le chef des Napolitains demanda si tout ce qui était écrit dans la lettre était vrai. Celui des provinciaux n'en nia pas un seul mot. Alors Alberico prit la parole. Il adressa des reproches amers à ceux d'en bas et conclut en réclamant d'eux une satisfaction. Son discours fut accueilli par les applaudissements de ses compagnons et par les sifflets et les huées des autres.

» A cette provocation, les Napolitains se ruèrent comme des lions captifs et furieux sur les barreaux de la grille, comme pour les briser; mais le fer était trop épais pour se rompre, en dépit de tous leurs efforts, et cet accès de fureur ne fit qu'exciter davantage l'hilarité des compagnons de la province.

» Cependant, après quelques minutes, sur les cris et les menaces des chefs, le silence se rétablit. Les deux factions se remirent à leur place et les négociations furent reprises.

» Les Napolitains insistèrent pour demander une satisfaction, et le chef des provinciaux répondit avec une gravité imperturbable :

» — La demande est juste et vous l'obtiendrez.

» Alors il parla à l'oreille d'un de ses compagnons, qui s'éloigna sur-le-champ, et reparut traînant par le bras un vieillard de soixante ans, à l'air malingre et souffreteux, pieds nus, vêtu de loques piteuses.

» Quand ce misérable arriva devant le chef, il le

salua respectueusement, et le chef lui dit avec un sourire :

» — Comment t'appelles-tu ?

» — Francesco Carozza, répondit le vieux tout tremblant.

» — Et où es-tu né ?

» — A Naples.

» — Mais proprement à Naples ?

» — Oui, monsieur. Je suis de la porte Capouane.

» — Bravo ! du quartier des braves, des hommes de cœur !

» Aussitôt il se retourna vers la grille, et, avec un ricanement diabolique, adressa ces paroles à ceux d'en haut :

» — Compagnons et frères de Naples, vous nous avez demandé une satisfaction... Nous, provinciaux, nous vous l'accordons, et la voici !

» Ce disant, il prit une chaise et en frappa rudement l'homme de la porte Capouane, jusqu'à ce que ce pauvre vieux tombât évanoui dans son sang.

» Cet acte de barbarie s'accomplit au milieu des menaces et des imprécations des Napolitains. Les provinciaux regardaient l'exécution avec une tranquillité méprisante et satisfaite.

» Dès le premier coup de chaise, Alberico poussa un hurlement de tigre blessé ; puis, hors de lui, prit la fuite. Il revint bientôt, traînant par les cheveux l'avocat Imbroglia, et, d'une voix étranglée par la colère :

» — Antonio Ottaïano, s'écria-t-il, c'est mon tour maintenant, regarde !

» Et il lui montra l'homme qu'il tenait par les cheveux.

» — L'avocat ! dit le provincial avec rage.

» — Oui, ton défenseur, ton ami, l'homme né dans ton pays...

» Cela dit, il dégaina un couteau caché dans sa veste, et brutalement, sans s'inquiéter des plaintes de ce malheureux, l'en frappa plusieurs fois au visage.

» A la vue du sang versé, un immense cri de vengeance éclata tout à coup dans la cour. Tous sortirent leur stylet caché et jurèrent la mort de tous les Napolitains. Ceux d'en haut répétèrent le même serment contre les provinciaux. A ces scènes cruelles et sauvages en succédèrent d'autres plus sauvages encore et plus cruelles. Les hommes des deux camps se ruèrent comme des forcenés sur tous les détenus qui n'appartenaient pas à leur province. On entendait de la rue les menaces des agresseurs, les gémissements des blessés. — Cette bataille barbare, cette boucherie féroce entre gens qui parlaient la même langue, nés dans des pays peu éloignés les uns des autres, gouvernés par les mêmes lois, élevés dans la même religion, dura presque une heure, et ne finit que par les efforts surhumains et la vaillance des custodes, des soldats et des autorités de police accourus aux premiers cris.

» Quand l'ordre fut rétabli par la force en ce triste lieu, on se hâta de porter secours aux blessés, la plupart desquels étaient les détenus les plus pauvres et les plus pacifiques. Les coupables furent mis à part et au secret dans les cachots. »

Je répète que le narrateur n'a fait que reproduire ce qu'il avait vu de ses propres yeux. — Telles étaient les mœurs de la camorra dans les prisons de Naples.

IV

LA CAMORRA DANS LA VILLE

Les camorristes amateurs. — Les mendiants. — Signes de reconnaissance. — Le camorriste en gants jaunes. — La camorra sur le jeu, sur la prostitution, etc. — Sur la contrebande. — Sur l'octroi. — Plaintes d'un *Padulano* et d'un cocher de fiacre. — La loterie clandestine. — Les *assistiti*. — La *Carnacottara*. — Le camorriste usurier et la mère des Gracques. — Le camorriste juge de paix. — La camorra sur les melons, sur les journaux, etc. — La camorra dans l'armée. — Le *sfregio*.

Dans l'origine, au dire des plus experts, la camorra n'existait que dans les prisons; mais il arriva un jour qu'un certain nombre d'affiliés ayant subi leur peine, — ils la subissaient rarement tout entière, car la très-heureuse fécondité de l'ex-reine Marie-Thérèse donnait au feu roi Ferdinand de fréquentes occasions d'exercer sa clémence (sur les criminels vulgaires, bien entendu, car il ne pardonnait guère aux prisonniers d'État), — certains affiliés, disais-je, sortant des bagnes ou des iles, et privés des bénéfices qu'ils y trouvaient, transportèrent la camorra dans la ville. Ceci dut se passer après 1830, car, avant cette époque, ni les documents que j'ai pu consulter, ni la mémoire de mes plus vieux amis n'ont gardé le moindre souvenir d'une secte pareille fortement organisée et transplantée hors des prisons.

Je dis d'une secte pareille. La camorra, en effet, dans l'acception générale du terme, désigne autre chose que l'association dont j'ai parlé jusqu'à présent. Le mot s'applique à tous les abus de force ou d'influence. Faire la camorra, dans le langage ordinaire, signifie prélever un droit arbitraire ou frauduleux. Ce genre de filouterie était commun dans le pays; j'en dirai quelques mots pour montrer toute la végétation vénéneuse que l'Italie nouvelle doit extirper; mais je déclare, avant tout, qu'il ne s'agit ici que d'une camorra libre, exercée par des volontaires pour leur propre compte.

Tels étaient, par exemple, les faux monnayeurs et les innombrables variétés de larrons qui pourraient faire pendant aux fameuses catégories de M. Canler, si l'on comprenait tous ceux qui vivent du bien d'autrui dans l'Italie méridionale, depuis le modeste *saccolaro*, qui dérobe un mouchoir dans la poche du passant, jusqu'au féroce *regio*, qui brûle les campagnes et pille les villages. Mais, sans quitter Naples, j'aurais de singuliers détails à donner sur toute cette populace de vagabonds qui, naguère encore, encombraient les rues de la grande ville : les uns voleurs, les autres mendiants, d'autres à la fois mendiants et voleurs, étalant des plaies horribles et affichant toutes les infirmités pour tromper le public et dérouter la police. Le soir surtout, Naples était pavée de faux pauvres qui s'emparaient des ruelles écartées et des quartiers déserts, doctement distribués pour tenter de mauvais coups sans courir le moindre risque. Ils miaulaient à l'approche d'une patrouille; ils jetaient le cri du coq en voyant venir un passant attardé; ils poussaient un long gémissement quand ce passant n'était pas seul; ils éternuaient quand le survenant faisait pauvre figure : ils chantaient un *Ave Maria* quand l'aubaine paraissait bonne, et un *Gloria Patri* pour annoncer la victime qu'on attendait.

Il y avait sans doute de la camorra dans tous ces

méfaits; mais les Napolitains ont eu tort d'en inférer qu'il suffisait d'être malfaiteur pour passer camorriste.

Il importe de dissiper sur ce point une confusion d'idées qui se retrouve même dans quelques brochures étourdiment écrites et dans l'esprit du plus grand nombre des Napolitains.

La camorra, en effet, même la camorra libre, ne commettait qu'un certain ordre de délits et les commettait au moyen de l'intimidation. C'est ce caractère particulier qui la distingue de tous les autres genres de filouterie. C'est avec cette spécialité d'industrie qu'elle était exercée par des amateurs dans les plus hautes sphères; qu'elle s'insinuait dans les administrations, à la bourse, à la banque, dans les ministères, même à la cour, soupant chez les princes et trichant à leurs tables de jeu. Ce qu'on appelait, par extension, le camorriste en gants blancs, c'était le gros bonnet qui entrait dans toutes les affaires et prenait la part du lion, le rufien des solliciteurs qui prélevait une commission sur les faveurs obtenues, l'altesse royale qui favorisait la contrebande et qui en partageait le bénéfice avec les contrebandiers; le directeur des établissements de bienfaisance, le philanthrope officiel qui économisait pour lui cent mille francs de revenu sur l'argent des pauvres et qui nourrissait sa famille aux dépens des enfants trouvés, mourant de faim presque tous ; c'était la camarilla tout entière, sans en excepter un seul grand cordon, ni un seul évêque, vendant le gouvernement en gros à d'autres camorristes qui le revendaient en détail ; c'était, enfin, le roi lui-même, recevant des pots-de-vin de ses subalternes. — On devient pamphlétaire, hélas ! sous certains régimes, quand on veut se mêler d'être historien.

J'ai même connu à Naples, connu de vue seulement, grâce à Dieu, un camorriste complet, pipant les dés et faisant filer la carte, couvert de dettes, bourré de vices, un filou fieffé, mais reçu partout, même à la cour, parce qu'il faisait peur à tout le monde. Il avait un couteau dont il jouait fort habilement. Seulement, comme ce couteau était très-long et qu'il portait le nom d'épée, l'homme ne fut pas pendu comme meurtrier, mais respecté comme duelliste. Il frappa ainsi impunément beaucoup de monde, jusqu'à ce qu'il fût tué lui-même par un Anglais encore plus adroit que lui.

En donnant une extension pareille (comme on le fait généralement à Naples) au mot de camorra, cette industrie violente s'exerçait librement, non-seulement dans tous les quartiers, mais dans toutes les maisons de la ville. Elle s'exerce même encore, j'en ai la preuve sous mes yeux. L'hôtel que j'habite est servi, comme tous les hôtels, par un certain nombre de gens, descendant par tous les degrés de la domesticité, du sommelier au *facchino*, du chef au marmiton, du valet de chambre au cireur de bottes. Eh bien, dans cette hiérarchie de subordonnés, outre les oppresseurs en titre, il règne une camorra qui opprime à son tour les oppresseurs. Cette camorra est représentée par une femme. Je dis par une femme !

Elle a du feu dans les yeux et un couteau dans la poche ; je la rencontrai un jour les deux mains ensanglantées ; elle me dit en riant que ce n'était rien. C'est elle qui commande. Pas de dispute où elle ne prenne parti pour l'un ou l'autre, pas de rixe dans la rue où elle ne coure, se jetant dans la mêlée les deux bras en avant. Elle fait son petit commerce dans la maison, s'approprie ce qu'elle trouve, surveille les transactions, taxe les fournisseurs, prélève son droit sur toutes choses ; les autres le savent et se taisent parce qu'ils ont peur.

Ce n'est pas tout : elle fait justice. Un jour, les camorristes du port avaient extorqué cinq sous, prétendant que c'était leur droit, à un *facchino* de la maison. Le pauvre homme, fort comme un requin, mais poltron comme une grenouille, s'en revenait piteusement avec son salaire écorné, comptant sur ses doigts l'argent qu'il aurait pu gagner en mettant les cinq sous à la loterie.

— Qu'as-tu donc ? lui demanda sa commère.

Dès qu'elle l'eut appris, elle partit comme un trait, fut sur le port en deux bonds et remua terre et cieux en criant à tue-tête. La foule commençait à s'amasser, les carabiniers accouraient, les camorristes prirent peur et rendirent la pièce à cette femme. Un quart d'heure après, elle rentrait en triomphe, la main levée, agitant les cinq sous qu'elle tenait dans ses doigts. Je ne sais si elle les rendit au facchino, je constate seulement qu'elle les avait repris aux camorristes.

Mais, je le répète, ce n'était là que de la camorra d'amateur, pratiquée par une femme, qui n'y aurait point eu de succès si tous ses camarades eussent été comme elle. Cet exemple prouve à quel point le mal est enraciné dans les mœurs du pays ; mais il n'offre rien qui ne se retrouve plus ou moins marqué dans tous les pays du monde.

Ce qui est particulier ici, ce qui l'était du moins sous les Bourbons, c'était la *secte* organisée dans tous les quartiers de la ville, ayant ses douze chefs, comme je l'ai dit, et l'un d'eux, celui de la Vicaria, à la tête des autres ; la secte enfin imposant son ingérence dans certaines affaires à tous les poltrons et à tous les vicieux du pays.

Les lieux où les affiliés entraient de droit étaient les brelans plus ou moins autorisés par la police. Il y avait à Naples, dans les quartiers populaires et aux environs de la ville, certaines tavernes mal famées où se réunissaient des joueurs appartenant aux classes incultes. Incapables de distinguer une lettre d'une autre, les lazzaroni connaissaient fort bien les numéros (science nécessaire pour la loterie) et reconnaissaient à merveille les quatre catégories de leurs cartes (coupe, épée, bâton et denier) *coppa, spada, bastone e denaro*. Or, j'ai dit que la camorra exploitait spécialement les plébéiens : donc, dans tous les tripots de bas étage, où des fanatiques déguenillés assis à terre ou à califourchon sur des bancs de bois passaient des journées, des nuits entières à jouer obstinément, on était sûr de trouver devant eux, debout, immobile, les yeux fixés sur les cartes qu'il ne quittait pas d'un seul regard, l'inévitable exacteur qui, à chaque partie, réclamait sa part du gain : le camorriste.

De quel droit s'imposait-il aux joueurs? On ne l'a jamais su. Ils étaient vingt, ils étaient cent, ils pouvaient être mille dans la taverne, un seul camorriste les tenait tous en respect, les surveillait et les grugeait tous; pas même un camorriste, un simple picciotto, se trouvant là par hasard. On ne subissait pas seulement son inspection, on l'invoquait même pour prévenir les fraudes et pour juger les coups douteux. Ce témoin intéressé faisait bonne garde; on ne trichait pas librement sous ses yeux, ni impunément; il châtiait de sa main les pipeurs et tranchait les difficultés, vidait les différends, empêchait les querelles; il se jetait au besoin entre les couteaux tirés. La police n'avait pas besoin d'intervenir dans ces endroits dangereux, elle s'en remettait aux compagnons de la secte, alors tolérée.

J'ai voulu voir de près ce singulier commerce et je me suis laissé conduire dans un estaminet assez mal hanté, près de la fontaine Médine. Les joueurs n'étaient pas tout à fait des lazzaroni, mais encore moins des grands seigneurs; ils portaient de ces redingotes débraillées qu'endossent ici les demi-bourgeois, les *mezzi galantuomini*. Grâce à cet accoutrement respectable, ils n'étaient pas surveillés pendant les parties; mais, les parties achevées, un homme en jaquette portait la main à son bonnet en signe de déférence, et, tendant la main au gagnant, lui disait ces deux simples mots :

— La camorra!

Il était payé sans objection, saluait de nouveau et retournait à son poste.

Mais ce n'était pas seulement dans les maisons suspectes que la secte réclamait un pareil tribut, c'était partout où se trouvaient des cartes. On sait qu'à Naples tout se fait dans la rue : les joueurs honnêtes qui, prenant le frais devant leur porte, perdaient quelques heures à la *scopa*, à la *primera* ou à toute autre récréation inoffensive, risquaient toujours de voir arriver le tyran, armé d'un gros bâton, qui se campait entre eux sans les connaître et faisait son office de grande puissance en dépit du principe de non-intervention. Les contribuables avaient beau jurer qu'ils ne jouaient pas d'argent, ils n'en devaient pas moins payer la taxe. Et les descendants de cette forte race plébéienne qui, sous Masaniello, armée de pierres contre des balles, avait lapidé la tyrannie espagnole à cause d'un nouvel impôt sur les fruits, payaient de nos jours, sans murmurer, l'impôt sur les cartes, tremblant de tous leurs membres devant le gourdin du premier passant venu. J'ai vu cela de mes yeux, sous mes fenêtres.

J'ai dit que le picciotto suffisait pour exiger la part de la société, mais il ne pouvait agir qu'en l'absence de tout camorriste. Dès qu'un compagnon en titre se présentait devant le joueur, le picciotto remettait entre ses mains l'argent déjà touché et se retirait modestement sans réclamer le moindre salaire. Et, si par malheur il survenait un second camorriste qui, ne connaissant pas le premier, voulût prendre sa place, alors l'un ou l'autre tirait deux couteaux de sa poche (car tous ou presque tous en portaient sur eux deux pareils), et, offrant l'une de ces *pointes*, comme il les appelait, à son concurrent équivoque, lui proposait un duel qui était quelquefois un duel à mort.

Cela se passait en pleine rue, quelquefois près d'un poste de soldats qui regardaient faire. La foule assistait sans mot dire et se sauvait pêle-mêle quand l'un des deux braves tombait dans son sang. — Une loi des Bourbons prohibait de relever les blessés. — Quand la police arrivait, le vaincu avait souvent cessé de vivre, et le vainqueur introuvable montait en grade, comptant dans son état de services un meurtre de plus, comme les anciens gladiateurs !

Le tribut exigé par la camorra sur le jeu était la dîme, un sou sur dix. Elle levait sur d'autres vices un impôt pareil. Établie dans tous les mauvais lieux, elle recevait deux carlins par semaine pour chaque prostituée et un carlin pour chaque rufien, c'était son droit, sans compter le casuel qu'elle obtenait régulièrement des habitués et violemment des oiseaux de passage. Là, comme dans les brelans, la secte avait mission de maintenir l'ordre et s'en acquittait avec une vigilante autorité. Les prostibules, fort peu surveillés sous le régime aboli, se maintenaient, grâce à la camorra, dans une certaine discipline. Il s'y commettait beaucoup d'escroqueries, mais elles ne tournaient point au mélodrame : on y était rarement assassiné.

Cependant la secte ne régnait pas exclusivement dans les lieux infâmes. Outre les vices, elle exploitait les défauts du peuple et surtout ses faiblesses. Elle faisait la contrebande en intimidant les employés de la douane; ou plutôt elle prélevait un impôt sur ce commerce frauduleux, rançonnant à la fois ceux qui l'exerçaient et ceux qui en profitaient, car il fut un temps où rien n'entrait ici par la douane. Mais ce n'est pas tout. La police étant autrefois fort mal faite, la camorra la remplaçait souvent à la douane et ailleurs, surveillant l'embarquement ou le débarquement, l'entrée, la sortie et le transport des marchandises. Je connais des négociants de premier ordre qui avaient des camorristes à leurs gages auxquels ils donnaient force piastres pour assurer leurs expéditions. Les envois d'argent, par exemple, étaient très-souvent garantis par la surveillance de cette police irrégulière. Et ce qu'il y a de plus curieux, c'est que cette étrange inspection fut bientôt organisée et tarifée avec une rigueur qui n'est pas dans les mœurs du pays. La camorra s'établit à toutes les entrées de Naples, à tous les bureaux d'octroi, à la douane, à la gare des chemins de fer, et taxa les portefaix et les cochers, les voitures et les charrettes qui devaient transporter des marchandises et des voyageurs. La taxe était strictement exigée et perçue : toujours la dîme. Un cabriolet, par exemple, coûtait dix sous pour une simple course : le cocher n'en touchait que neuf, le dixième revenait à la camorra.

C'était surtout aux intersections du mur d'octroi que les compagnons attendaient leurs victimes.

Les jardiniers des campagnes apportant des paniers de fruits payaient d'abord un sou par panier. Mais ce qui est particulier, c'est qu'ils ne le payaient pas à contre-cœur. Cet impôt leur permettait de dormir sur leurs deux oreilles.

— Eh bien, l'ami, te voilà content ! disais-je il y a quelques jours à un *Padulano* (habitant des *Padule ;* on nomme ainsi les terrains gras et fort bien labourés qui vont des anciennes portes de Naples jusqu'au pied du Vésuve et qui fournissent de légumes toute la ville).

— Pourquoi content ? demanda le Padulano.

— Parce qu'on supprime en ce moment la camorra.

— Ah ! monsieur, s'écria-t-il, c'est ce qui nous ruine ! La camorra prenait sa part, sans doute, mais elle surveillait le *bazzariota* (le marchand ambulant) à qui nous commettions nos fruits et nos légumes, et tous ces coureurs de rue qui s'éparpillaient avec nos paniers dans la ville ne manquaient pas de remettre au camorriste, qui nous le rendait exactement, les quelques sous qu'ils avaient tirés. Maintenant, *il faut la main de Dieu* pour rattraper ces bribes. Au lieu d'un voleur, nous en avons trente qui nous prennent tout notre sang.

— Mais, toi, dis-je à un cocher de fiacre, tu n'as rien à dire?

— Moi ? s'écria-t-il. Je suis un homme assassiné! Je viens d'acheter un cheval *mort* qui ne connaît pas les rues, ne veut passer qu'où il lui plaît, glisse aux montées et tombe aux descentes, a peur des pétards et des clochettes, et, hier encore, s'est emporté dans la grotte du Pausilippe, écrasant un troupeau de chèvres qui lui barrait le chemin. Un camorriste qui me protége et qui avait son *pizzo* (son poste) au marché des chevaux m'aurait épargné cette volerie. C'était lui qui surveillait les ventes et qui recevait sa *mancia* (sa commission) du marchand et de l'acheteur. L'an dernier, j'avais à vendre un cheval aveugle, et il l'a fait passer pour bon parce qu'il me protégeait. On vient de le mettre en prison, et j'ai dû acheter sans lui la mauvaise bête que voilà. C'était un bien honnête homme!

Une autre industrie assez curieuse exercée par les camorristes, c'était la loterie clandestine. Ceci mérite un ou deux mots d'explication. Tous les étrangers ne savent pas ce que c'est que la loterie officielle. Elle se tirait en grande cérémonie, chaque samedi, dans une des salles du castel Capuano (qui est aussi le palais de justice de Naples; elle se tire maintenant au palais des finances), sous l'inspection de la cour des comptes, sous la bénédiction d'un prêtre, en présence de la foule et par la main d'un enfant du peuple qui sortait les uns après les autres cinq numéros d'une boite en bois qui en contenait quatre-vingt-dix. Ces cinq numéros étaient criés aussitôt un à un par une fenêtre de la salle, à la foule assemblée devant le palais et se répandaient sur-le-champ, avec la rapidité de l'éclair, dans tous les quartiers de la ville et jusqu'à l'extrémité du royaume. Le fil électrique n'aurait pu lutter contre cette télégraphie vocale.

Je me souviens qu'un jour je quittai la Vicaria au moment même où le dernier numéro venait de sortir; je trouvai une voiture devant le palais, je donnai dix minutes au cocher pour franchir la demi-lieue qui sépare le castel Capuano de l'hôtel que j'habite. Je comptais ébahir toute la maison en lui apprenant les cinq numéros encore inconnus sans doute au bureau de loterie voisin. Le cocher fit l'impossible, il faillit renverser une ou deux fois des passants, heurta des charretiers, oublia de saluer des madones, devança la voiture d'un prince royal, au risque de se faire arrêter le lendemain, mais il arriva en moins de neuf minutes. Toute la maison connaissait déjà les cinq numéros!

Une foule de métiers étaient produits par la loterie : il y avait des illuminés, des sorciers, des zingari, des capucins qui vendaient des numéros; il y avait même des escrocs (à supposer que les autres ne le fussent pas) qui exploitaient largement la bêtise populaire, en fournissant des preuves de leur lucidité. Ils disaient, par exemple, au lazzarone : « Va jouer trois numéros, ceux que tu voudras; je les saurai à ton retour; car je sens l'Esprit qui vient et qui va me les souffler à l'oreille. » Le tour réussissait toujours, comme on pense, grâce à un compère au pied léger, allant et venant d'un pas plus leste que celui du joueur, aisément trompé. Tout cela se faisait avec des génuflexions, des extases et des simagrées dévotes; la dupe ahurie payait enfin tout ce qu'on voulait pour obtenir un terne prophétique; elle payait de plus quelques livres de cire pour un saint quelconque, car les numéros ne s'obtenaient pas sans l'intervention du paradis. Là-dessus, le joueur attendait le samedi tranquillement, sûr de gagner du pain pour le reste de ses jours. Les numéros ne sortaient pas; mais l'illuminé disait au plaignant déconfit :

— C'est à cause de tes péchés; tu es un méchant et un misérable!

Voici maintenant en quoi consistait la loterie des camorristes. Le peuple a toute la semaine pour jouer et peut ne risquer que les moindres sommes, une *decinca* par exemple (dix centimes et demi); mais, le samedi matin, le dernier jour, au dernier moment, la moindre mise doit être de quatre carlins (1 franc 70). Or, il est rare qu'un plébéien de Naples ait cet argent dans sa poche, surtout au bout de la semaine, ayant déjà joué sou par sou tout ce qu'il possédait durant les six premiers jours; il s'adresse alors au camorriste du coin qui tient un bureau de loterie clandestin. Ce trafiquant reçoit les mises les plus pauvres aux mêmes conditions, avec les mêmes avantages et presque les mêmes garanties qu'offre le buraliste officiel. Le tirage ne se fait point à part; les numéros sortant à la Vicaria sont reconnus par les camorristes. Si, par hasard, un billet gagne, ils comptent exactement au gagnant la somme qui lui revient. Ils montrent une certaine probité dans leurs métiers de contrebande.

Mais c'est un miracle quand les numéros joués viennent à sortir. La loterie est le plus immoral de tous les jeux; c'est une partie honteusement inégale engagée entre le fisc et le peuple, et qui rapporte au premier des centaines de millions. C'est un tribut révoltant levé sur la perpétuelle illusion du pauvre. Mais le pauvre ne veut pas en être soulagé. Déjà, deux ou trois fois depuis la révolution, il a menacé de s'insurger si on lui ôtait la loterie. Garibaldi lui-même, avec son omnipotence vraiment surhumaine, n'a pu abolir cette institution, plus tenace que la dynastie des Bourbons. Le peuple aurait rappelé François II pour reprendre le droit de se ruiner en sa faveur et d'enrichir le fisc en se jetant sur la paille!

Aussi les camorristes se faisaient-ils riches avec un métier pareil! On vient d'arrêter une femme, la *Carnacottara* (la Rôtisseuse), qui tenait un bureau de loterie illicite. Elle y gagnait à elle seule, chaque semaine, un millier de francs!

De plus, les sectaires se tenaient, le samedi soir, à la porte de tous les bureaux orthodoxes et prélevaient un droit sur l'argent gagné par les joueurs heureux. Un homme de ma maison qui gagnait quelquefois donnait à la camorra dix sous par ducat : toujours la dîme.

On comprend maintenant l'industrie de la secte. Elle exploitait tous les vices, même ceux du pouvoir; elle filoutait le gouvernement quand le gouvernement, de force ou de gré, se conduisait en malhonnête homme.

J'ai encore à signaler d'autres variétés de camorristes : celui qui présidait aux bains de mer et recevait de chaque établissement six carlins par semaine ; celui qui pratiquait l'usure et se montrait dans la rue, chargé d'épingles, de chaînes et de bagues déposées chez lui par les pauvres gens, étalage ambulant qui trahissait insolemment l'ignoble métier de ce méchant drôle.

L'usure est un mal qui règne partout, mais surtout à Naples, où l'on n'a fondé qu'aujourd'hui des caisses d'épargne. La femme du peuple qui gagne quelque argent s'empresse de le changer en or, c'est-à-dire en bijouterie qu'elle met en gage aussitôt que la bise est venue, — et, dans ce pays de *far niente,* la bise vient toujours, — si bien que son argent lui coûte au lieu de lui rapporter; elle en doit payer les intérêts à l'usurier qui le lui garde et qui la rançonne cruellement. La pauvre femme s'est déjà endettée pour acheter sa chaîne d'or et l'engage même quelquefois pour la payer : qu'on se figure son triste état entre les deux créanciers qui la pressent ! Elle abandonne jusqu'à son dernier morceau de pain pour payer d'un côté, pour garder de l'autre, ce triste bijou dont elle ne jouit pas ! Et cependant, — incroyable oppression de l'habitude ! — celles qui agissent ainsi passent pour économes; celles qui étalent le plus d'or sont citées comme des exemples de modestie, de prudence et de vertu. C'est au nombre de bagues couvrant toutes les phalanges de ses dix doigts qu'on reconnaît ici la mère des Gracques.

La camorra spéculait sur toutes ces faiblesses et s'insinuait ainsi de mille manières dans la vie privée des pauvres gens. Elle était tellement redoutée, que les victimes restaient au pouvoir de leurs tyrans, même quand ces tyrans n'étaient plus libres. Au parloir de la prison où ils sont enfermés, ils touchent encore ponctuellement le tribut de leurs contribuables. Je n'en croyais rien moi-même; j'ai voulu voir cela de mes yeux, je l'ai vu.

Ils étaient redoutés, mais je dis plus encore, ils étaient respectés. Soit que, dans l'origine, comme le prétend M. Lazzaro, député de la gauche (j'ai voulu entendre tous les partis), ils aient continué la chevalerie errante et se soient associés « pour défendre le faible contre l'oppression du fort, au moyen d'une force supérieure ; » soit que la violence soit encore de nos jours le meilleur titre à la vénération de la multitude, ils s'érigeaient en tribunal populaire et composaient une magistrature plus consultée, plus écoutée surtout que celle des juges élus par Ferdinand. « Dans son quartier, m'écrit M. Lazzaro, le camorriste exerce de fait l'office de juge de paix ; ses arrêts sont sans appel et souvent très-justes, jamais désobéis. Souvent, par ce moyen, on évite de dispendieux procès. » J'ai contrôlé cette assertion, je l'ai trouvée parfaitement exacte.

Mais, si d'une main le camorriste faisait quelque bien, de l'autre il faisait beaucoup de mal.

Qu'on le demande aux vendeurs et revendeurs de melons d'eau, qui devaient payer cinq ou six taxes avant que le consommateur bienheureux pût mordre à belles dents dans ce fruit au triple usage, fournissant au peuple, pour un sou, de quoi boire, manger et se laver (*pe nu rano*, *magni*, *bivi et te lavi la faccia*). La camorra percevait un droit sur le chargement, un droit sur le transport, un droit sur la vente au détail de ces fruits si peu chers, humble régal du pauvre, écornant le profit des cultivateurs et du débitant, qui n'en retiraient presque rien.

Qu'on le demande aux marchands de journaux qui, depuis la révolution, ont inondé la ville. Quand paraît le *Pungolo*, le soir, vers une heure de nuit, des nuées de gamins prennent leur volée, agitant la feuille encore humide, et se lancent à fond de train dans tous les quartiers, criant à tue-tête : *O Pungolo ! o Pungolo ! E asciuto o Pungolo ! Notizie e Roma ! Notizie e Galibardo ! E bello a leggere. O Pungolo !* (Le *Pungolo !* le *Pungolo !* le *Pungolo* est sorti de presse ! Nouvelles de Rome ! Nouvelles de Garibaldi ! C'est beau à lire ! Le *Pungolo !*) Le public arrête au passage ces crieurs effrénés, haletants, se figurant, à les voir si pressés, que la feuille du soir annonce de grandes nouvelles ! Cette course furibonde rapporte quelques sous aux gamins qui galopent et vocifèrent à s'époumoner jusqu'à ce qu'il n'y ait plus un seul passant dans les rues. Mais elle rapporte une fortune aux camorristes, qui, sans rien faire et sans quitter leur place, exigent la plus grosse part du butin !

Qu'on le demande aux pauvres gens qui, sous les Bourbons, servaient de remplaçants militaires! Ils étaient achetés par la camorra, qui les revendait aux riches. Mais, à peine achetés, ces malheureux, gardés à vue, tenus sous clef, nourris, vêtus, battus comme des nègres, subissaient une servitude plus rigoureuse que celle des prisonniers d'État jetés dans les souterrains du fort de l'Œuf!

Qu'on le demande aux mendiants eux-mêmes! Oui, ces vagabonds dont j'ai parlé plus haut, ces estropiés faméliques, ces fanfarons de misère étalant des plaies hideuses, étaient taxés comme les autres par l'inexorable rapacité de la camorra. Il y avait un impôt jusque sur l'aumône[1]!

La secte enfin (j'ai hâte d'en finir) s'était insinuée dans les corps militaires. Il fut un temps où les Bourbons, désespérant d'acclimater la conscription dans la Sicile et voulant cependant en tirer des soldats, y ou-

1. Jusque sur la dévotion! A Frattamaggiore (province de Naples) régnait un camorriste redouté, coupable de plusieurs délits; il se nommait Sossio dell'Avesano, et fut assassiné par un homme de son village, appelé Crescenzo d'Angelo. Une de ses industries était l'exploitation des prêtres, auxquels il ne craignait pas d'extorquer de l'argent. Il leur prenait trois sous par messe!

vrirent les bagnes, et enrégimentèrent les forçats sous le drapeau blanc fleurdelisé. Ne jugeons pas trop sévèrement cet acte souverain, qui était peut-être une tentative humanitaire. Disons seulement que ce fut une combinaison malheureuse où le mauvais élément prévalut. L'armée se corrompit aussitôt; la camorra s'y établit solidement et ne tarda pas à gagner la marine.

J'ai peu à dire sur la camorra militaire, qui, grâce à Dieu, n'est plus un mal à extirper. L'armée napolitaine s'est fondue avec l'armée italienne, combinaison plus heureuse que l'autre, et dans laquelle la loyauté, la bravoure, l'esprit de corps, le respect du drapeau, la solidité du grenadier piémontais, le brio du bersaglier, ce corps alerte et gaillard qui semble un escadron de fantassins courant toujours devant eux au bruit hennissant de leur musique; toutes ces qualités de la grande armée ont envahi les conscrits de Naples, qui marchent et se battent maintenant comme de vieux soldats. Je vois passer tous les matins un régiment sous ma fenêtre; il se compose d'hommes pris au hasard dans l'Italie entière; je ne reconnais déjà plus le Napolitain du Piémontais, ni le Sicilien du Lombard.

— Nous sommes tous Italiens ! me disait hier encore un fusilier abruzzais qui avait perdu jusqu'à l'accent circonflexe éternellement ouvert de sa province.

Je constate cependant qu'un petit nombre de Napolitains méridionaux avaient essayé, dans les premiers temps, d'introduire la camorra dans l'armée italienne. Inutile de dire en quoi consistait cette camorra : le lecteur en sait assez déjà pour se le figurer lui-même ; c'était, comme partout, une association des violents contre les faibles, un système d'extorsions sur la solde, sur la soupe et sur le pain, un trafic organisé sur les fournitments, un surcroît de corvées imposé aux nouveaux venus, abus invétérés qui existent dans tous les pays, dans toutes les réunions d'hommes, à commencer par les colléges, hélas ! — mais plus pernicieux et plus violents à Naples, parce qu'ils se constituaient en secte et formaient une oppression organisée.

Les efforts des camorristes n'eurent aucune prise sur l'armée italienne ; leur conspiration, éventée et déjouée, n'aboutit qu'à les couvrir de confusion. On eut le bon esprit d'infliger à ces matamores le châtiment qui pouvait le mieux les paralyser : le ridicule. On les exposa dans le camp, après leur avoir attaché sur la poitrine un écriteau portant ce nom dès lors infamant : *Camorriste.* A dater de cette exécution, ils n'ont plus effrayé personne et se sont vus raillés même par les gens de leur pays [1].

1. Voici les instructions données par le ministre de la guerre du royaume d'Italie aux commandants militaires, pour prévenir le retour de la camorra :

« 1° Exercer une surveillance sévère sur les tavernes et les mauvais lieux où se réunissent facilement les camorristes pour provoquer le jeu et pour exiger la camorra;

» 2° Remarquer et observer ceux qui ont des bagues, des chaines ou des cordons verts ou noirs, *des cheveux relevés en toupillons*, etc. tous signes particuliers des camorristes;

» 3° Surveiller de près ceux qui feignent des maladies pour entrer dans les hôpitaux militaires, où s'exerce facilement la camorra;

» 4° Dans les inspections des casernes, examiner les effets avec un redoublement d'attention et de rigueur, pour surprendre les armes cachées et les fortes sommes qui pourraient provenir des exactions de la camorra;

» 5° Noter toutes les correspondances actives avec les lieux de détention du pays napolitain, résidence habituelle de la camorra;

» 6° Faire de temps en temps des visites imprévues dans les bagages des soldats;

» 7° Observer si, dans les casernes ou dans les rangs, ils se font quelquefois des signes avec des clignements d'yeux, avec les mains ou d'autres manières;

» 8° Tâcher de tourner en dérision le camorriste et de le faire mépriser, pour détruire son prestige;

» 9° Avoir soin que les jeunes soldats et les recrues, à leur arrivée, n'aient point à être intimidés, ni influencés par ceux qui sont soupçonnés d'être camorristes;

» 10° Compulser avec une extrême attention les registres où sont marquées les punitions pour jeu, vols, blessures, afin de surveiller de

Je n'ai donc plus à parler de la camorra dans l'armée. Je rappelle seulement qu'elle était venue de Sicile, d'où elle avait rapporté le *sfregio* (la balafre), l'une des opérations ordinaires de la secte, l'une des peines qu'elle inflige elle-même ou applique au besoin pour le compte des autres, — surtout de l'autre côté du détroit. Il n'est pas rare de trouver à Naples un homme balafré comme un étudiant allemand; on peut parier à coup sûr qu'il l'a été de la main d'un camorriste.

Mais c'est particulièrement sur les femmes que cette barbarie était commise en des accès de colère ou de jalousie, quelquefois même de sang-froid, après jugement. Les *sfregi* devinrent si fréquents entre 1830 et 1840, qu'il fallut une loi spéciale pour les réprimer; il fut décrété que toute blessure défigurant la personne qui l'avait reçue serait punie avec un redoublement de sévérité.

plus près ceux qui les ont subies; surveiller de plus avec attention les militaires qui avaient plusieurs fois changé de corps lorsqu'ils appartenaient à l'armée des Deux-Siciles;

» 11° Faire dénoncer les camorristes, dès qu'ils sont reconnus comme tels par leurs camarades, comme des êtres indignes, à expulser et à renvoyer aux corps de punition; surveiller, après, leurs correspondances avec les soldats de l'armée. »

Il fut même défendu aux hommes de porter des rasoirs, instrument ordinaire de ce genre de supplice. Mais comment poursuivre des violences dont personne ne se plaint, ni les témoins révoltés, ni les victimes elles-mêmes? Me croira-t-on si j'affirme sur l'honneur que ces malheureuses, Victor Hugo dirait ces misérables, s'attachaient avec une sorte de fureur à l'homme qui les avait défigurées?

— Faut-il qu'il m'aime! s'écriait un jour l'une d'elles en montrant sur sa joue une large plaie d'où le sang ruisselait. Faut-il qu'il m'aime!

La foule s'était amassée; survint un agent de police, qui demanda ce qui était arrivé.

— Ce n'est rien, fit-elle. J'ai pris ce rasoir en riant pour imiter le garçon que voici quand il se fait la barbe. Je n'ai point fait attention et je me suis coupée, voilà tout. Je ne jouerai plus avec les rasoirs!

V

ORIGINES DE LA CAMORRA

Questions d'étymologie et d'habillement. — La camorra en Espagne. — *Rinconete et Cortadillo.* — La confrérie de Monopodio. — La camorra chez les Arabes. — Le camorriste et Sancho Pança. — La *baratteria.* — La camorra sous les vice-rois à Naples. — Les deux tours de corde. — Rapports des jésuites sur les camorristes. — La *garduna.* — Les *uffiziali pubblichelle.* — Les *bonachi.*

On connait maintenant la camorra, ses usages et ses lois, sa puissance dans les prisons, ses ramifications dans la ville. Il importe d'en étudier les causes et l'origine. Peut-être même me dira-t-on que j'aurais dû commencer par là. Mais il s'agit ici d'un sujet trop peu connu pour le traiter avec une rigoureuse régularité chronologique. Si je devais écrire l'histoire d'Italie, par exemple, il n'y aurait aucun inconvénient à débuter par l'établissement des Pélasges et des Illyriens, car ce mot seul d'Italie, écrit au frontispice du livre, évoquerait chez le plus illettré des lecteurs la glorieuse image de la péninsule que partagent les Apennins et qu'entourent les Alpes et la mer.

Mais le titre de camorra ne pouvant éveiller qu'une idée vague et confuse, il m'a paru essentiel de la préciser tout d'abord. Quand on rencontre un homme qu'on ne connait point, on ne lui demande pas : « D'où viens-tu? » mais : « Qui es-tu? » J'ai donc cru devoir décrire le torrent bourbeux avant d'en indiquer la source.

D'ailleurs, à proprement parler, il n'y a pas de genèse de la camorra. Sur les origines d'une secte portant ce nom, l'histoire ne dit rien; la tradition ne remonte guère plus haut que 1820. Pour obtenir quelques simples données sur ce point très-obscur, il faut s'aventurer sur le terrain douteux de l'étymologie. J'ai tâché de me renseigner chez les doctes, et voici ce qu'ils m'ont appris :

Selon quelques-uns, *camorra* n'est autre chose qu'une corruption de *gamurra*, vêtement grossier assez pareil à la *chamarra* des Espagnols. Le mot camorra se retrouve assez souvent dans les anciennes pièces en dialecte et désigne toujours une sorte d'habit très-court ou de jaquette. *Le facettero vedere camorra de telette di Spagna* (on lui fit voir une camorra de petite toile d'Espagne), dit un vieux livre napolitain. (*Pentamerone*, III, 10.)

On en peut conclure que ce vêtement populaire habillait autrefois une race de bravaches et de lazzaroni qui prirent le nom de leur accoutrement, comme nos blousiers ou nos frocards. Deux circonstances appuient cette présomption : les camorristes portent encore une veste pareille, et les *bonachi*, en Sicile (association du même genre), ne sont appelés ainsi que parce qu'ils portent la *bunaca*, pourpoint de velours qui descend jusqu'au-dessous de la ceinture, avec une grande poche derrière. Le dictionnaire sicilien de Mortellara, qui donne cette explication, ajoute qu'un mot pareil, *bumaca*, existe dans le patois des Calabres. C'est une façon assez adroite d'insinuer que la camorra ne naquit point en Sicile, mais qu'elle y vint du continent. Pour être lexicographe, on n'en est pas moins patriote.

Mon savant ami, M. de Blasiis, professeur à l'université de Naples, ayant bien voulu fouiller pour moi dans les archives de la Bibliothèque nationale et m'aider de son obligeante érudition dans cette partie difficile de mon travail, a découvert, dans le volumineux recueil des *Monumenta historica patriæ* (Cod. dipl. sard., tome I, p. 358, n° 1), une compagnie *qua facta fuit in Kallari dicta de gamaurra*, association de marchands de Pise, réunis dans l'île de Sardaigne et pourvus d'arbalètes, de cuirasses et de mousquets pour la défense du pays. La fondation de cette compagnie remontait au commencement du XIIIe siècle.

En dépit de ces curieuses trouvailles et de ces doctes hypothèses, le commun des étymologistes s'en tient à la simple interprétation que fournit le moindre dictionnaire espagnol. De l'autre côté des Pyrénées, camorra signifie querelle, batterie, dispute, contestation. *Buscar camorra* veut dire chercher noise; *hacer camorra*, chercher castille; le nom de *camorrista* existe même dans la langue populaire et désigne les mauvais coucheurs. Il y a donc cent à parier contre un que la secte éminemment querelleuse des camorristes napolitains a tiré de là son nom, et, par conséquent, nous est venue d'Espagne.

On retrouve, d'ailleurs, dans les anciennes mœurs espagnoles, quelques vestiges d'associations pareilles, protégeant les vices pour les exploiter. Grâce à l'habile traduction de M. Louis Viardot, on connaît en France les Nouvelles de Cervantès. Si l'on veut bien relire la deuxième (*Rinconete et Cortadillo*), l'on y verra l'histoire de deux apprentis filous admis dans la confrérie de Monopodio. Cette confrérie ressemble à la camorra en plus infâme. C'était une réunion de voleurs établie à Séville et partageant ses bénéfices avec la police et le clergé. « Nous avons coutume, avoue le chef, de faire dire chaque année un certain nombre de messes pour le repos de l'âme de nos défunts et de nos bienfaiteurs, en prélevant pour le casuel du prêtre une partie de ce qui est *garbé* (volé). Ces messes, ainsi dites et ainsi payées, font, dit-on, grand bien à ces âmes, *par voie de naufrage* (il voulait dire par voie de suffrage). Sous le nom de nos bienfaiteurs, nous comprenons le procureur qui nous assiste, l'alguazil qui nous avertit, le bourreau qui prend pitié de nous, celui, enfin, qui, lorsque l'un de nous se sauve dans la rue et qu'on le poursuit en criant : *Au voleur! au voleur! Arrêtez! arrêtez!* se jette en travers et retient la foule qui se précipite aux trousses du fuyard en disant : « Laissez » ce pauvre diable; il est assez malheureux; qu'il aille » en paix, et que son péché le punisse! » En lisant ces lignes, on les croirait écrites non sur Séville, mais sur Naples; non sur les mœurs d'il y a trois siècles, mais sur celles d'hier.

La confrérie sévillane formait bande à part comme la camorra; elle avait sa langue et son code, se jugeait elle-même et s'attribuait sur ses membres le droit de vie et de mort. Monopodio (le chef de ces mauvais *birbes*) leur avait donné l'ordre de prélever sur tout ce qu'ils volaient quelque aumône « pour l'huile de la lampe d'une très-dévote image qui était dans la ville.» C'est exactement ce que font les camorristes pour les figurines de la Madone affichées dans les prisons.

Autre rapport entre les deux sociétés : on passait par un certain temps de noviciat pour entrer dans celle de Séville. Les novices s'appelaient *frères mineurs;* « ils avaient une demi-annate à payer sur leur premier vol; ils portaient des commissions aux frères majeurs à la prison ou chez eux, pour le compte de leurs contribuants, » et faisaient mille offices subalternes. Les frères majeurs, tous marqués d'un surnom, avaient seuls le droit, comme dans la camorra, d'entrer immédiatement en partage dans ce que les affiliés apportaient à la masse. Le chef distribuait le produit total des industries diverses entre tous ses subordonnés et tous ses agents, après avoir fait la part de l'alcade et de l'alguazil. Grâce à ces précautions, les patrouilles passaient devant l'antre de Monopodio sans jamais frapper à sa porte.

Les affiliés se répandaient le matin par la ville, où chacun était tenu de faire son mauvais coup. Souvent même la confrérie se chargeait de vengeances privées, et Monopodio tenait un registre exact des exécutions à opérer pour le compte de ses clients. Voici quelques notes empruntées à ce registre :

Au tailleur bossu, qui s'appelle par sobriquet le Silguero ou Guilguero (chardonneret), *six coups de bâton de première volée, à la demande de la dame qui a laissé son collier en gage. Exécuteur : le Desmochado* (le mutilé, le raccourci). Un camorriste de Naples porte le sobriquet de ***Mozzone***, qui a exactement le même sens.

Au cabaretier de la Luzerne, *douze coups de bâton de la première volée, à un écu pièce. Huit sont payés à compte. Six jours de terme. Exécuteur : Maniferro.*

MÉMOIRE DE BALAFRES A FAIRE CETTE SEMAINE. *La première, au marchand du coin de rue. Prix : cinquante écus; trente ont été reçus à compte. Exécuteur : Chiquiznaque.*

Voilà le *sfregio* des camorristes. On est frappé de ces points de ressemblance entre les deux sociétés, surtout quand on songe que Cervantès ne nous a pas donné, dans cette nouvelle, un tableau de fantaisie fait pour y placer quelque aventure romanesque, mais une étude sans fiction, sans fioritures, des mœurs infâmes qu'il avait étudiées pendant son séjour de quinze années à Séville, de 1588 à 1603.

Une autre particularité qui assigne à la camorra une origine espagnole, est l'acception dans laquelle ce mot est pris par les auteurs en dialecte et par les gens du pays.

Si l'on consulte, en effet, le vocabulaire napolitain de Ritis ou le vocabulaire sicilien de Mortellara, l'on y verra que le camorriste est un brelandier plébéien, courant les tripots pour extorquer de l'argent aux joueurs à force d'insultes et de menaces. Il est probable que ce fut là le premier métier de la secte, dont le nom viendrait alors de l'arabe *kumar*, jeu de hasard prohibé par le Koran et produisant un gain frauduleux (*alea*, dit le dictionnaire arabe et persan de Meninski, et *aleatorius quivis ludus peculiariter quo captatur lucrum*). On peut donc conclure de là que les Arabes donnèrent ce mot aux Espagnols, qui le transmirent aux Napolitains; et, avec le mot, qui sait? peut-être aussi la chose.

Il est certain, en tout cas, que cet impôt sur le jeu se levait en Espagne du temps de Cervantès. Lorsque Sancho Pança fit le tour de son île de *Barateria* (qu'on note le nom, sur lequel je reviendrai tout à l'heure; il signifie *échange, trafic*, et, par extension, filouterie, en italien comme en espagnol), lorsque Sancho, dis-je, fit sa ronde accompagné de tous ses gens et de son historiographe, sans compter les greffiers et les alguazils, et marchant au milieu d'eux avec son bâton à la main, il entendit un cliquetis de ferraille. Deux hommes se battaient, qui se tinrent tout tranquilles en voyant venir la justice, et l'un d'eux s'écria : « Doit-on souffrir qu'on vole en public chez ce peuple et qu'on se jette sur vous pour vous détrousser en pleine rue? — Calmez-vous, homme de bien, fit Sancho, et contez-moi quelle est la cause de cette querelle, parce que je suis le gouverneur. »

Voici ce que répondit l'autre (et je demande la permission de substituer ici un mot à mot de ma façon à l'interprétation un peu libre des traducteurs que j'ai pu consulter): « Seigneur gouverneur, je vous le dirai en toute brièveté. Votre Seigneurie saura que ce gentilhomme vient de gagner à l'instant même, dans la maison de jeu en face, plus de mille réaux, et Dieu sait comment! et moi, me tenant présent, je jugeai plus d'un coup douteux en sa faveur, contre tout ce que me dictait ma conscience; et, quand j'espérais qu'il me donnerait, pour le moins, quelques écus de *gratification*, comme c'est l'usage et la coutume de les donner aux hommes importants comme moi, qui se tiennent là comme témoins pour bien ou mal passer (pour les bons et mauvais coups), et pour appuyer les tricheries et pour épargner les querelles, lui, empocha son argent et sortit de la maison. »

C'est exactement le métier du camorriste napolitain dans les maisons de jeu. J'ai traduit par gratification ce mot espagnol de *barato*, qui désigne spécialement une sorte de pourboire habituellement payé par le joueur qui gagne. Et je rappelle que la taxe perçue par la camorra de Naples est désignée sous le nom de *barattolo*.

L'industriel interrogé par Sancho dit encore : « Je suis un homme honorable, qui n'a ni office ni bénéfice, parce que mes parents ne m'en ont point appris ni laissé. » Encore un rapport avec les camorristes ; et il finit par déclarer que, si Sancho n'était point venu sitôt, il aurait bien fait rendre gorge au gentilhomme (littéralement vomir son gain, *comitar la ganancia*). « Que dites-vous à cela ? » demanda Sancho. L'autre répondit que tout ce que disait son adversaire était la vérité et qu'il n'avait pas voulu lui donner plus de quatre réaux, parce qu'il lui en donnait souvent, et ceux qui espèrent le *barato* doivent être modestes et prendre ce qu'on leur donne avec un visage allègre, sans se mettre à faire des comptes avec les joueurs heureux, à moins qu'ils ne sachent certainement que ces derniers sont des pipeurs, et que ce qu'ils gagnent est mal gagné... Car toujours les pipeurs sont tributaires des témoins (*mirones*) qui les surprennent. » C'est exactement la camorra, l'exploitation du vice et de la fraude ! Nous apprenons de plus, par ce morceau, que les camorristes, en Espagne, dans les maisons de jeu, s'appelaient *mirones*.

On sait le jugement de Sancho Pança. Le gentilhomme fut condamné à payer cent réaux au *miron*, et le *miron* à partir au plus tôt avec son argent et à rester dix ans hors de l'île. Je note que la police de Naples, ayant affaire à des hommes pareils, prononce contre eux des arrêts semblables; elle les chasse du pays et les envoie n'importe où, jusqu'à nouvel ordre. Ce sont les mœurs qui font les lois; nous n'avons guère marché depuis Sancho Pança, ni en fait de morale, ni en fait de justice.

Par toutes les raisons que j'ai dites, il est donc probable que la camorra s'établit dans l'Italie méridionale avec les Espagnols. On n'en trouve aucune trace dans les anciennes annales du pays. On est réduit sur ce point aux plus confuses conjectures. On sait seulement que la camorra ne s'exerça pas seulement dans les maisons de jeu, où elle était connue et châtiée par les Pragmatiques siciliennes (titre LIII, v. I, etc.) sous le nom italien de *baratteria*. Elle entra dans les lieux de détention qui devinrent plus tard le centre de la secte, et elle y forma une association féroce vivant de rapines et d'assassinats. Dès la seconde moitié du XVIe siècle, le vice-roi cardinal Gran Vela écrivait ceci (Pragm., 27 sept. 1573) : « Il est parvenu à notre connaissance que, dans les prisons de la Vicaria, grand nombre d'extorsions sont pratiquées par les prisonniers, l'un l'autre se créant prieurs dans ces geôles, se faisant payer l'huile pour les lampes et s'attribuant d'autres contributions illicites; en un mot, agissant en maîtres dans lesdites prisons. »

Le pieux prélat imagina un singulier moyen de dompter la camorra : il la soumit à une espèce de torture qui s'appelait les deux tours de corde (*i due tratti di corda*); mais il semble que ce supplice ne suffit pas. Il existe à la Bibliothèque nationale de Naples un rapport très-curieux intitulé : *Relation sur l'état des prisons de la grand'cour de la Vicaria de Naples, et des mutations y opérées et maintenues jusqu'à la présente année 1674, par le moyen de la mission perpétuelle y instituée par les Pères de la compagnie de Jésus.*

On y trouve les faits suivants : « Tels étaient les vols dans les prisons, que, dès l'entrée d'un nouveau prisonnier, ses habits étaient déjà vendus, et ce qu'il y a de pis, c'est qu'il était dépouillé sans nullement s'en apercevoir, et, s'il s'en apercevait, ne pouvait parler par crainte de la vie, car avec plus de facilité se commettaient des homicides, des empoisonnements dans les prisons que dehors, et fort mauvais étaient les traitements infligés à ceux qui étaient emprisonnés, soit qu'on trouvât l'occasion de leur enlever quelque argent sous couleur que tout homme qui entre, nouvellement emprisonné, devait payer la lampe, soit à d'autres titres que nous taisons par modestie. »

Mais les sermons des jésuites n'eurent pas un meilleur effet que la corde du cardinal. On raconte qu'un des Pères, tâchant de convertir un détenu en lui parlant de la grâce de Dieu, n'obtint que cette réponse impie :

— Père, si tu me donnes un carlin pour en acheter des saucisses, je te donnerai toute cette grâce de Dieu dont tu m'as parlé.

Une longue suite d'édits *(bandi)*, d'ordonnances et de pragmatiques prouvent qu'en ce temps-là les méfaits de la camorra se commettaient constamment dans les prisons, et même déjà dans la ville. Ce n'était pas encore une association unique ou du moins une confédération de sociétés alliées comme la secte d'aujourd'hui. Le nom de *camorra* ne se rencontre pas dans les documents de cette époque. Mais, si le nom n'était pas encore employé, ni même adopté dans la prose officielle et littéraire, on trouve du moins chez les malfaiteurs du temps la spécialité de délits qui distingue notre confrérie de filous bravaches. Ce Giulio Monti, par exemple, pendu en 1529 par l'ordre d'un autre cardinal vice-roi, nommé Colonna, n'était autre qu'un farouche bretteur, chef de matamores plébéiens, taillant et rançonnant en plein jour ceux qui tenaient à leurs oreilles. Son frère, Cola Giovanni, qui subit la même peine, n'avait d'autre métier que celui de détourner, de déchirer et de falsifier les procès (Parrino, *Stor. dei Vicerè*, t. 1, p. 92).

Certains édits (*bandi*) d'Annese, de Toraldo, de Guisa, promulgués pendant l'insurrection de 1647, nous montrent l'habitude enracinée d'imposer des taxes arbitraires aux citoyens, et les continuelles extorsions de ces bravi, non encore désignés cependant sous le nom de camorristes. Mais l'existence de la secte est nettement indiquée dans une brochure intitulée *Lueur de faits et de raisons en faveur de trois pauvres soldats allemands du régiment Odiveier, comme sicaires et traîtres, etc., à mettre aux pieds de Son Excellence l'éminentissime Althann.*

La date de cette brochure n'est point indiquée; mais, après de patientes recherches, M. de Blasiis est arrivé à cette conclusion qu'elle fut écrite en 1726.

Après avoir rappelé les abus et les exactions des soldats espagnols pendant leur domination, l'auteur dit ceci : « Mais le pire était que ceux-là, alors militaires de mœurs si corrompues et diaboliques, traînaient derrière eux bon nombre de bretteurs et de malandrins du pays, qui, mêlés à une autre race infâme de bâtards de soldats, appelés janissaires et abhorrés d'honneur, quelques vils offices auxquels ils eussent été employés, portaient tous le titre de *don*; et ainsi se confondait parmi les ribauds le nom des chevaliers. Et malheur au pauvre citadin qui ne les respectait pas! Ils envoyaient certains bulletins aux gens aisés, pour leur imposer des taxes considérables, sous peine de mort. »

Nous verrons plus tard que les camorristes d'aujourd'hui n'ont pas renoncé à ce genre d'extorsions, les plus violentes de toutes.

Ne pourrait-on pas conclure de tout cela que la compagnie de la *garduna*, fondée en Espagne en 1417 et offrant tant de points de ressemblance avec la camorra, s'est établie avec les conquérants dans les Deux-Siciles, amassant pêle-mêle, dans une association formidable, les pipeurs des brelans, les filous de la rue, les tyranneaux des prisons, et tous les *sanglants gredins* du pays?

Quant à la plus douce de toutes les *camorre*, celle qui s'exerce contre les pauvres marchands des halles, on la retrouve non-seulement dans les anciennes mœurs, mais aussi dans les anciennes lois. Il existait autrefois une classe infime de justiciers nommés les *uffiziali pubblichelli* (*prubbechelle* en dialecte), qui se permettaient, sous divers prétextes, d'imposer aux vendeurs de comestibles certaines petites taxes frauduleuses pour protéger leurs contraventions. C'est ce même droit qui est exigé maintenant par les camorristes.

Tels sont les seuls vestiges de la secte que j'ai pu trouver dans les siècles passés. On le voit, ce n'est guère, c'est pourtant mieux que rien; cela prouve au moins que les violences et les escroqueries des scélérats qui ont si fort affligé de nos jours les villes méridionales, étaient déjà dans les mœurs du pays dès le règne des Espagnols. Mais les monuments plus récents n'ajoutent aucun détail sur la progressive organisation de la secte. J'aurais voulu la retrouver et lui assigner un rôle dans les épouvantables férocités de 1799, car c'eût été pour moi une immense bonheur de les rejeter sur une association de malandrins et d'en absoudre ainsi la masse du peuple. Mais toutes mes recherches, peut-être insuffisantes (je veux encore l'espérer), ont été inutiles; j'ai frappé à toutes les portes, j'ai consulté les historiens de la première révolution, ceux qui avaient le plus longtemps fouillé dans les archives, M. Alexandre Dumas lui-même, qui n'aurait pas négligé ce détail pittoresque pour sa curieuse *Histoire des Bourbons de Naples*; mais ni les savants, ni les studieux, ni M. Dumas n'ont rencontré dans les écrits du temps, ni dans les mémoires des contemporains, l'ombre d'un seul camorriste. Un vieux geôlier m'a dit tenir de son père, auquel il avait succédé dans sa charge, que les patriotes napolitains persécutés sous le cardinal Ruffo avaient été rançonnés dans les prisons par des hommes violents, peut-être affiliés à la secte; je n'ai pu en savoir davantage, et j'ai maintenant exhibé tout mon très-mince bagage d'érudition.

Peut-être nous viendra-t-il quelques lumières de la Sicile. Le général La Marmora a bien voulu demander pour moi au chevalier Monale, qui gouverne l'île en ce moment, un rapport sur la formidable association des *bonachi*, qui est la camorra sicilienne.

Par malheur, ce rapport est très-difficile à faire, et

réclame plus de patience encore et plus d'étude que n'en a demandé le présent travail. Je désespère donc de l'obtenir et je renonce à l'attendre.

Et, m'en tenant au peu que j'ai dit, je pense, pour me consoler, que quelques curiosités de plus n'ajouteraient guère au fond de cette étude. Ce n'est pas dans ses précédents historiques qu'il faut chercher l'origine de la camorra. Fût-elle vieille comme le monde, la secte aurait cessé d'exister depuis longtemps si elle n'avait pas d'autres racines que ses traditions, ni d'autres raisons d'être que ses annales. C'est plus près de nous, dans le cœur du peuple, que nous trouverons la vraie cause du mal, et que, l'ayant trouvée, nous pourrons la combattre. Laissons donc les livres, étudions les hommes et tâchons d'expliquer, non par des hypothèses historiques, mais par des raisons sociales, comment il se fait qu'un fléau pareil ait pu subsister si longtemps, en plein XIXe siècle, chez une population intelligente, sous des rois chrétiens!

VI

LES CAUSES SOCIALES DE LA CAMORRA

Les progrès actuels du peuple. — Sa démoralisation sous les Bourbons. — La peur. — Les terreurs des lettrés. — Les *attendibili*. — — Les terreurs des étrangers. — Les violences militaires. — Les terreurs religieuses. — L'enfer. — Les terreurs du roi Ferdinand. — Les persécutions contre les libéraux. — La camorra de la police et la police de la camorra. — La colonie de Tremiti : où passait l'argent des déportés. — Pourquoi la secte était ménagée.

Quand le droit du plus fort est établi quelque part, à qui la faute? A celui qui l'impose ou qui l'exploite? Non pas, mais à ceux qui le tolèrent et à ceux qui le subissent. Donc, si la camorra dura si longtemps à Naples, ce fut la faute du peuple et celle du gouvernement.

Commençons par le peuple, et, avant tout, rendons-lui justice; il fait chaque jour des progrès étonnants.

Depuis la révolution, tous ceux qui ont affaire aux Napolitains ne les reconnaissent plus, tant l'air vif de la liberté leur a ouvert l'intelligence. Le lazzarone d'autrefois, qui dormait nu dans les rues et ne demandait au roi que la liberté de Diogène, le pittoresque vagabond n'existe plus; son nom même a presque disparu du dialecte, ou, du moins, ne se prend plus qu'en mauvaise part; on le jette et on le repousse comme une insulte. L'homme du peuple a pris le nom italien de *popolano*. Il ne porte même plus le costume léger qu'on lui donnait dans les gravures: la chemise et la culotte en grosse toile, le capuchon ou le bonnet phrygien en grosse laine, et les bas et les souliers de chair, comme dit Cervantès. Ce simple accoutrement ne se rencontre plus que çà et là parmi les pêcheurs des Carmes ou de Mergelline. Le popolano n'a pas adopté la blouse bleue de nos ouvriers; mais il endosse la veste et le gilet, se coiffe d'une casquette ou d'un chapeau de feutre et enfile des pantalons tombant jusqu'à ses pieds chaussés de cuir, comme ceux de tout le monde. Il travaille, il laisse pousser sa moustache; il apprend à lire; il a une opinion politique; il est garde national. Les plaisants en rient, les artistes en pleurent, mais le peuple y gagne, c'est le grand point, — et le monde marche.

Je n'ai parlé que du costume et d'un certain progrès dans l'intelligence des plébéiens; ce serait bien peu si ce progrès ne s'opérait pas en même temps dans les caractères. Eh bien, je ne crois pas me faire illusion en déclarant que, même sur ce point, le peuple a beaucoup gagné. Je ne conseillerais pas à l'étranger, par le temps qui court, de rosser aussi lestement qu'autrefois son commissionnaire ou son cocher de fiacre. La dignité individuelle s'est retrempée dans cet air libre qui, du haut des Alpes, est descendu aux pieds des Apennins. J'ai vu hier, de mes yeux, un popolano souffleter un bourgeois ganté qui l'avait frappé de sa canne. Quand vous railliez un simple pêcheur avant Garibaldi, l'homme riait bêtement, comme écrasé par vos facéties. Mais maintenant, prenez garde! Il a son franc parler et la riposte assez leste. Ne le pressez pas trop, il vous répondrait et il aurait le dessus.

Je vais plus loin : j'ai remarqué dans le peuple une certaine énergie collective, qui s'est montrée plusieurs fois dans des occasions importantes, et qui, à plusieurs reprises, a courageusement exprimé le vœu national.

Mais, après cet éloge mérité qui constate l'heureuse influence de la révolution ; après ces symptômes de régénération qui promettent les vertus d'un peuple libre, je suis tristement forcé par mon sujet de montrer ce que cette plèbe était devenue sous le gouvernement démoralisateur des Bourbons. Je l'ai indiqué déjà dans mon livre sur le brigandage ; je le répète aujourd'hui pour dénoncer les vraies causes de la camorra : depuis la chute de Murat jusqu'à l'avénement de Garibaldi, Naples fut gouvernée par un tyran plus absolu, plus dégradant, plus sinistre, plus fatal, que la succession de mauvais rois qui occupèrent pendant ce demi-siècle le trône déjà vermoulu de Charles III, et ce tyran, qui éteignit les intelligences, abattit les caractères, corrompit les consciences en tenant le peuple écrasé sous la plus abrutissante et la plus inexplicable des oppressions, ce fut la peur !

Et, pour ne pas me trouver en contradiction avec des patriotes froissés, notamment avec le député Ranieri, Napolitain par excellence, qui m'a vivement reproché cette assertion, je répète que je parle du peuple napolitain sous les Bourbons, sans remonter plus haut dans son histoire. Je n'ai oublié ni la révolution de Masaniello, ni les trente ou quarante insurrections de la *très-fidèle* ville de Naples. Je reconnais qu'en ce pays toutes les émeutes réussies éclatèrent dans la rue, et je sais que l'opposition des lazzaroni empêcha l'inquisition de peser sur eux. Enfin, comme preuve suprême et terrible de l'énergie populaire, je n'ai pas besoin qu'on me rappelle les exécrables fureurs de 1799!

Mais, après la Restauration, toute cette vitalité tomba peu à peu, non calmée, mais domptée par une étrange oppression qui violenta les caractères sans les adoucir. Un voile épais tomba sur la population napolitaine; une vapeur alanguissante qui finit par l'envelopper et l'assoupir. J'ai vu le pays avant et après 1848; j'y suis retourné souvent après de longs séjours à l'étranger; rien ne saurait exprimer l'isolement moral où je m'y trouvais, en revenant de France ou d'Allemagne. C'était bien toujours mon golfe incomparable, mon ardent Vésuve empanaché de fumée, et ces belles teintes roses et bleues où pointait Sorrente, au coucher du soleil, comme dans un buisson de violettes, et toute cette côte arrondie, recourbée en sinuosités sans nombre entre la sérénité du ciel et la limpidité de la mer.

Mais, lorsque vous tourniez le dos au paysage pour regarder les hommes, vous tombiez dans une tristesse et dans une stupeur qui vous désolait. Vous trouviez un peuple isolé de l'Europe entière, étranger à toutes les questions qui agitaient les deux mondes, emprisonné dans une cellule splendide où n'entraient ni les idées, ni les croyances, ni même les conquêtes matérielles de notre temps. Si, par hasard, dans un lieu public, vous disiez un mot des grandes aventures contemporaines, aussitôt la foule s'éloignait de vous comme d'un provocateur suspect, soudoyé par le commandeur Luigi des barons Ajossa (*dei baroni Ajossa*)! Il y avait bien des hommes éclairés, des esprits éminents parmi cette foule opaque et voilée d'un triple nuage; mais ils devaient recourir, pour vivre en Europe, à des subterfuges qui auraient lassé la patience d'un bénédictin et la ruse d'un contrebandier. Ils obtenaient des journaux par les légations étrangères; ils amassaient des livres en allant les chercher sous les lits des libraires, qui les recevaient frauduleusement et qui les vendaient au poids de l'or, puis creusaient des cachettes dans les murs de leurs chambres, pour y recéler prudemment ces fruits dérobés et défendus;

enfin, ils cachaient avec le plus grand soin leur science et leur talent, consacrant tout leur zèle à se faire oublier, et demandant à Dieu de rester inconnus ou méconnus pour esquiver, à la faveur de leur obscurité, l'implacable persécution de la police !

Mais, avant d'entrer dans la confiance et dans l'intimité de pareils hommes, il fallait briser des murailles d'airain. Ils ne se livraient qu'à des amis éprouvés depuis longtemps par une communauté de privations et de souffrances.

Dans le monde, devant les indifférents, ils feignaient l'ignorance des lazzaroni ou l'imbécillité des Brutus. Tout nouveau venu était suspect; les conversations tombaient à son entrée ou se dissipaient en causeries frivoles sur le bal de la veille et sur l'opéra du jour. Une défiance cauteleuse glaçait les relations, isolait les intelligences. Les hommes éminents se formaient à part, dans l'ombre et dans le vide, héroïques vivants nés d'eux-mêmes et d'eux seuls dans le pays des morts.

Hélas ! je n'invente rien : ces temps sont déjà si éloignés de nous, qu'on me reprochera peut-être de les retracer selon ma fantaisie. J'en appelle cependant à tous ceux qui furent détenus dans Naples de 1848 à 1860; ils vous diront tous que leur pauvre cervelle, exténuée par l'abstinence, allait déclinant heure par heure et aurait fini par tomber d'inanition. J'en appelle à tous ceux qui n'eurent pas le bonheur d'être exilés dans un pays libre et qui furent parqués çà et là dans la ville ou dans les provinces, confinés dans un hameau, perchés sur une montagne, avec défense d'en sortir, tous surveillés, épiés, dénoncés, rebutés par la population qui s'éloignait d'eux avec effroi, craignant de se compromettre. — Quel est cet homme qui marche seul dans la campagne, la tête baissée, et que les gardes champêtres poursuivent d'un regard inquiet et jaloux? sans doute un repris de justice? — Non, c'est un savant et, par conséquent, *attendibile*, c'est-à-dire suspect; suspect, c'est-à-dire lépreux. Allons-nous-en!

J'en appelle aux trois cent mille *attendibili* qui vécurent douze années sous cette abominable persécution; ils diront si j'exagère.

On comprend déjà, d'après le peu que j'ai dit, avec quelle violence régnait la peur dans l'ancien royaume de Naples. J'ai vu bien des pays où le pouvoir était redouté, mais il ne l'était nulle part avec une pareille angoisse. A Rome, la malice populaire ne craignait pas de placarder des épigrammes contre les cardinaux. A Florence, l'opposition lettrée avait un centre de réunion chez Vieusseux et résistait au despotisme émollient d'une autocratie tempérée par la mansuétude. A Milan, la fibre nationale, constamment remuée, vibrait toujours comme elle vibre encore à Venise, et le peuple ne perdait pas une occasion de montrer sa haine contre l'étranger. Mais Naples était tombée dans un tel état de prostration, qu'elle en était venue à craindre la révolution plus encore que la tyrannie. Chaque fois qu'un mouvement éclatait dans une province, on voyait pâlir ceux-là même qui exécraient le plus le gouvernement. Les souvenirs du 15 mai 1848, le tableau vivant encore des maisons canonnées, pillées et brûlées non par l'émeute, mais par les soldats du roi; le régime effrayant qui avait suivi ces violences : la ville livrée à l'oppression militaire, les barbes coupées à coups de sabre, les bourgeois attaqués dans leur voiture par des soldats qui s'y asseyaient à leur place; les premiers citoyens de Naples, des gentilshommes, des députés, d'anciens ministres, liés de cordes et traînés dans les rues jusqu'aux prisons, puis détenus quatre ans sans procès, puis condamnés à mort, et enfin, par grâce, jetés aux galères, toutes ces barbaries, et j'en passe, — je ne dis ni les bastonnades, ni les tortures, ni la coiffe du silence, — avaient épouvanté le peuple jusqu'à lui enlever le sens politique et le sens moral. Quand vous parliez de 1848 à un bourgeois, il répondait : « Je ne m'en souviens plus. » Et Ferdinand II, dans les journaux littéraires (il n'y en avait pas d'autres), était l'auguste, le clément, le pieux, *l'adorable!* J'ai connu des gens qui écrivaient cela sans rougir; je les connais encore, ils n'ont pas changé d'épithètes; ils les passent seulement à Victor-Emmanuel.

Mais je n'ai parlé jusqu'à présent que de politique. Ceux qui ne s'en occupaient pas étaient-ils à l'abri de ces terreurs ? Pas le moins du monde. Les étrangers eux-mêmes, particulièrement protégés par leurs ministres, pâlissaient comme les indigènes en face d'un gendarme ou d'un argousin. Quand vous les interrogiez sur l'état du pays, ils répondaient : « Ce ne sont pas nos affaires; » ou bien encore cette phrase étrange que j'ai mille fois entendue : « On n'a rien à craindre ici pourvu qu'on ne s'y inquiète pas du gouvernement! » Et j'ai vu des négociants, des industriels étrangers, parfaitement honorables, acheter les portraits du roi et de la reine, leurs bustes en plâtre, leurs statuettes en bronze ou en terre cuite et les distribuer partout dans leurs comptoirs, pour n'être point suspects de libéralisme. D'autres industriels autorisés colportaient dans tout le pays et vendaient fort cher ces images de dévotion; — encore une variété de camorra qui mérite d'être notée! Ceux qui refusaient de les acheter étaient marqués comme démagogues : le marchand avait la bonté de vous en avertir.

Je me souviens qu'un soir — en temps de paix — dans une allée sombre de la Villa-Reale, un voyageur, encore nouveau à Naples, fut arrêté par un grenadier du roi. Ce militaire appartenait au poste voisin, établi là pour maintenir le bon ordre dans le jardin public. Le voyageur s'y promenait tranquillement pour aspirer la brise de mer qui lui venait par bouffées à travers les chênes. Le grenadier se jeta sur lui le sabre à la main et lui vola son argent.

— Croyez-moi, dit le lendemain un étranger domicilié à Naples au nouveau venu, qui jetait feu et flamme; croyez-moi, cher monsieur, ne criez pas trop haut, laissez tomber l'affaire; vous n'obtiendrez pas justice et vous risquez de vous faire un mauvais parti.

Je multiplierais volontiers de pareils traits, qui entrent dans le plan de mon travail, s'ils ne risquaient d'en dépasser les limites. Je tiens à installer mon lecteur dans ce pays, à l'acclimater dans ces mœurs, afin de lui montrer quels sont les ennemis réels que l'Italie doit y combattre, et quelle tâche effrayante, quelle mission sacrée elle y doit accomplir. Ces détails me dispenseront plus tard de m'ériger en sage mentor et de faire la leçon au gouvernement du nouveau royaume. Je lui montre où est le mal ; c'est lui dire assez : « Frappez là ! »

Le mal, c'est la peur. Nous le voyons chaque jour, dans les provinces, en suivant la monotone histoire du brigandage qui sévit toujours, avec les mêmes bandits guidés par les mêmes chefs, malgré le zèle et la valeur des troupes italiennes. Quels sont les endroits continuellement maltraités et menacés par les malfaiteurs? Ceux où le roi déchu compte le plus de partisans ? Pas le moins du monde. Le roi déchu ne compte de partisans qu'à Rome; encore sont-ils presque tous Espagnols. Les endroits les plus ravagés sont ceux où il se trouve le plus de sacripants pour détrousser leurs voisins et le plus de poltrons pour les laisser faire.

Voilà pourquoi les Calabres, en ces derniers temps, ont si peu souffert du brigandage. Les Calabrais sont des hommes de cœur.

Cette terreur savamment aiguisée n'était pas seulement une arme politique dans la main du roi par la grâce de Dieu, mais encore le seul frein possible aux emportements des deux calamités qu'on voulait maintenir : l'ignorance et la misère. En refusant au peuple la civilisation, c'est-à-dire l'instruction et le bien-être, il fallait remplacer par quelque chose ces éléments de conservation qui, dans les pays libres, empêchent la société de périr. En abattant la conscience populaire, il fallait lui substituer une barrière quelconque pour arrêter les passions débridées et les contenir au moins dans une apparence de discipline.

Cette barrière fut encore la terreur; en ceci le clergé seconda divinement la politique du roi de Naples.

J'ai suivi bien des fois les prêches en plein vent, spectacles religieux qui se donnaient tous les dimanches au peuple. J'ai souvent écouté les discours incroyables de ces histrions en robe noire qui, montés sur des tréteaux, déroulant derrière eux de grandes images, agitant des chaînes ou brandissant des crucifix, se démenant en tout sens avec une sorte de fièvre et de fureur, amusaient et irritaient un ramassis d'auditeurs déguenillés par des imprécations entrecoupées d'ignobles pantalonnades : double sacrilége, offensant à la fois la douceur et la gravité de la religion.

Eh bien, dans toutes ces oraisons, sur toutes ces images, dans toutes ces exhibitions dévotes, et même dans les discours plus sérieux débités dans les églises à des fidèles un peu mieux vêtus, je n'ai jamais trouvé qu'une chose, l'enfer! L'enfer était le dogme principal du peuple napolitain. Je ne jurerais pas que tous les lazzaroni d'autrefois crussent à Dieu ; mais à coup sûr ils croyaient tous au diable. On les retenait dans une demi-probité par la terreur des peines éternelles, et cette terreur était le fond de toute la morale, la base de toutes les vertus. On ne disait pas aux gens, pour les éloigner d'une mauvaise action : « C'est une mauvaise action ; » on leur disait : « C'est un péché mortel ! » N'osant invoquer, pour la cause du bien, ces motifs personnels que l'hérésie appelle conscience et la philosophie raison, nouveautés fatales qui auraient pu émanciper le peuple en lui donnant le sentiment de la dignité humaine, ou lui criait du haut de la chaire : « Si tu fais ceci, tu cuiras dans des chaudières bouillantes où te repousseront, si tu veux en sortir, des fourches de fer rouge agitées sur ton front par d'horribles petits dieux cornus. »

De là toute cette fantasmagorie sinistre dont les prêtres se servaient pour épouvanter les âmes, ces fresques hideuses où l'on voyait les contorsions des damnés dans la géhenne; ces clochettes lugubres annonçant, de loin, le viatique aux mourants déjà morts de frayeur; ces macérations barbares infligées et acceptées par les pénitents pour éviter l'éternel bûcher d'outre-tombe; de là ce dieu croquemitaine refait à l'image du gouvernement de Naples, un dieu de rancune et de colère se substituant au nôtre, un dieu crucifiant prenant la place du crucifié!

Il va sans dire que je mets à part les grands caractères et les grandes intelligences qui se formèrent à l'écart, dans l'ombre, en ce temps de décadence et de dissolution, et que je ne comprends ni les soldats obstinés, ni les victimes invincibles, ni les héros, ni les martyrs, dans l'universelle dégradation des derniers règnes. Je m'en tiens aux masses, et j'affirme que, chez elles, le lien social, politique, religieux était brisé par la terreur. Les forces vives du pays, comme les intelligences, se perdaient ou s'épuisaient dans la dissémination et dans l'isolement. Pas de cohésion possible; l'autorité prohibait jusqu'aux cercles de joueurs d'échecs! Elle voyait peut-être dans les pions poussés contre les rois je ne sais quelle allégorie périlleuse. Il en résultait que, dans toutes les classes du peuple, aucune association vigoureuse ne pouvait se former contre la prépondérance des mauvais. Les individus étaient dispersés, et ce peuple de solitaires n'opposait aucune résistance collective à l'oppression des minorités influentes et violentes, qui, seules organisées, dominaient et triomphaient impunément.

Telle fut, sinon l'origine, au moins la cause réelle de ces *camorre* de mille espèces, qui, sous divers noms, pesaient d'un poids accablant sur toutes les castes. A la cour, c'était la *camarilla*, dont j'ai raconté les exploits; dans le peuple, c'était la secte, dont j'ai déjà montré la puissance. Les hommes d'énergie, dans les bas-fonds de Naples, s'étaient associés contre la multitude inerte, égrenée, épouvantée. Ce fut un gouvernement indépendant et quelquefois même officieux, imitant les façons du gouvernement officiel et régnant comme lui par le droit du plus fort. De là tout ce que j'ai dit jusqu'à présent : cette magistrature, cette administration, cette police, cette armée, cet État complet établi dans les prisons et dans la rue, et défiant toutes les puissances parce qu'il résumait toute l'énergie populaire assemblée en lui pour le service du mal. Ainsi la camorra fut maintenue en premier lieu par la faute de ceux qui, n'osant ou ne pouvant se réunir pour la briser, la subirent.

Mais la secte fut maintenue aussi par le gouvernement, qui la toléra. Elle trouva dans la faiblesse du pouvoir un auxiliaire aussi puissant que la faiblesse du peuple.

La faiblesse du pouvoir, voilà sans doute, pour bien des lecteurs, une opinion toute nouvelle. On a beaucoup écrit contre le règne et contre la dynastie de Ferdinand, mais on ne lui a jamais reproché de manquer de vigueur. Et cependant, si on veut lire l'histoire sans parti pris et la méditer sans passion, l'on sera forcé de reconnaître avec moi qu'il n'y a jamais eu de gouvernement fort dans le royaume des Deux-Siciles.

Je ne veux pas remonter au moyen âge et rappeler

toutes les dynasties tombées depuis la conquête de Robert Guiscard : princes normands, souabes, angevins, aragonais, autrichiens, bourboniens, napoléoniens; toujours des étrangers soutenus par des forces étrangères. Je laisse même de côté le règne si agité du premier Ferdinand, détrôné deux fois par la Révolution et par l'Empire, et le règne de François Ier, qui ne resta que cinq ans sur le trône; juste le temps d'achever la ruine du pays. Je date mes observations de 1830, et je constate seulement que, jusqu'à cette époque, il n'y avait jamais eu dans les Deux-Siciles un demi-siècle entier de possession tranquille, de domination régulière, de politique homogène, de gouvernement populaire et national.

Ferdinand II monta sur le trône à vingt ans et il eut trente années de règne. A quoi les employa-t-il? A se défendre. Il avait de l'esprit et du sens; il connaissait son pays, il connaissait les hommes; au bout d'un quart d'heure de causerie, il avait démasqué le ministre nouveau venu qu'on lui amenait. Doué d'une mémoire prodigieuse, il savait par cœur la biographie complète de tous ceux qui pouvaient le servir ou le desservir dans son royaume ; il lui suffisait de voir un visage ou d'entendre une seule fois un nom pour ne plus jamais l'oublier. Il était souple, adroit, rompu aux affaires, agréable d'ailleurs, plaisant et familier; il paraissait bonhomme; il avait même des vertus, ces vertus de famille qui attirent toujours aux princes la sympathie des honnêtes gens. Et cependant il ne fit que du mal, parce qu'il fut comme son peuple, il eut peur toute sa vie.

Sans cette terreur inexplicable, il aurait pu jouer un rôle dans l'histoire, et qui sait? devancer Victor-Emmanuel. A son avénement, on le poussa de tous côtés dans le vrai chemin.-Louis-Philippe lui conseilla d'émanciper son peuple; un jeune patriote fit luire à ses yeux l'Italie future réunie tout entière sous sa loi. L'idée le frappa; pendant quelques jours, on le vit pensif et soucieux, on espéra qu'il avait compris, qu'il oserait peut-être. Il avait compris, mais il n'osa pas. Le jeune croyant n'obtint pas même une réponse. Quant à Louis-Philippe, il reçut une lettre serrée, nette et roide, où le jeune roi lui disait ceci : « Je serai roi seul, et toujours! »

Et dès lors, je le répète, il ne songea plus qu'à se défendre, il eut peur toute sa vie. Il eut peur de son peuple, qu'il ne voulut ni éclairer ni relever; il eut peur de la science, qu'il prohiba dans le royaume; il eut peur de la presse, qu'il tint bâillonnée comme elle ne l'avait jamais été nulle part; il eut peur du progrès, qu'il arrêta aux frontières et qu'il mit en quarantaine sous quelque forme qu'il se présentât à l'inspection des gendarmes ou des douaniers. — Je me souviens, à ce propos, qu'il fallut la protection d'un prince royal pour faire entrer les premiers instruments de photographie; on les prenait pour des machines infernales. — Il eut peur des routes, des phares, des hospices, des écoles, des innovations, de toutes les réformes, et passa trente ans sur son trône à chercher le moyen de s'y maintenir.

Voilà tout le secret de ce règne détestable. Ferdinand se fit une marine et une armée terribles contre les bourgeois sans fusils; il fortifia Gaëte et passa des revues fréquentes, jouant au soldat avec une certaine habileté; par surcroît de précautions il s'entoura de Suisses qui firent bonne garde à sa porte; après quoi, ne se trouvant pas encore en sûreté, malgré son excellente artillerie, il organisa une police formidable contre ceux qui lui faisaient peur. Ce n'étaient ni les voleurs ni les brigands, qui n'avaient pas d'opinion politique; on ménageait les premiers et l'on pensionnait les seconds (Talarico, par exemple) en les confinant dans une île charmante où on les laissait libres comme l'air. Mais les libéraux étaient poursuivis et persécutés avec une ardeur infatigable. Telle fut l'œuvre de moralisation entreprise et accomplie par le roi Ferdinand. Il ne s'agissait pas de déraciner les abus, mais bien plutôt de préserver ceux qui pouvaient être utiles à la conservation du trône. On ne songeait nullement à tirer la plèbe de son avilissement; au contraire, on aurait voulu l'y maintenir jusqu'à la fin des siècles, sachant bien que la monarchie absolue n'est possible, à l'âge du monde où nous sommes, que chez un peuple amolli et dégradé. La camorra ne pouvait donc être traitée par Ferdinand comme ennemie. Avant 1848, elle ne s'était jamais occupée du gouvernement; elle ne l'avait jamais combattu, ni même inquiété : pourquoi la détruire? On la laissa tranquille, d'autant plus volontiers qu'on ne voulait pas l'avoir ennemie. Les camorristes, je l'ai dit, se composaient de tous les plébéiens énergiques. A ce titre, ils méritaient d'être ménagés par le gouvernement, toujours dominé par la peur.

D'ailleurs, ils rendaient des services à la police. On prétend même qu'ils en faisaient partie. J'ai eu dans les mains des notes assez curieuses écrites par un camorriste repentant et donnant de singuliers détails sur les rapports de la société avec l'ancienne préfecture de Naples. D'après ces notes, divisées par articles et donnant sous cette forme une sorte de code secret de la camorra, la secte était placée, au temps des Bourbons, sous la surveillance de la police. Le lendemain de son élection, le nouvel affilié se présentait au commissaire de son quartier et lui demandait une audience particulière.

— Vous voyez, lui disait-il, un nouveau travailleur qui a reçu la propriété.

Là-dessus, il lui donnait dix piastres. Le commissaire transmettait la nouvelle au préfet de police, qui, au bout du mois, recevait un pourboire de cent ducats. Ce n'est pas tout. Le préfet ne se bornait pas à toucher sa part du *barattolo*, mais il présidait à l'organisation de la société secrète et nommait lui-même les chefs des douze quartiers, à chacun desquels étaient assignés des appointements de cent ducats par mois (425 francs) payés sur les fonds secrets de la police. En revanche, les fonctionnaires du gouvernement, chargés de veiller à la sûreté publique, ne dédaignaient pas de remplir leurs poches avec l'argent extorqué aux pauvres par ces filous autorisés. Lorsqu'on partageait le *carusiello* (la tirelire), un tiers des bénéfices était religieusement porté chez le commissaire, qui le partageait avec l'inspecteur de service et le chef d'escouade. Et cela, dans les douze quartiers et durant tout le règne de Ferdinand.

Voilà ce que disent les notes du camorriste. Il m'est difficile de statuer sur leur valeur. Je peux dire en leur faveur qu'elles sont égrenées parmi d'autres renseignements dont j'ai reconnu l'exactitude. Mais, d'autre part, tous les experts que j'ai consultés, soit à la questure, soit dans les anciens bureaux du ministère de l'intérieur, m'ont répondu qu'ils ignoraient ces rapports de la secte avec la police. Un fonctionnaire m'a dit : « Si c'était vrai, nous le saurions. » Un autre, plus modestement : « Nous n'en savons rien, mais c'est possible ! »

Quoi qu'il en soit, la camorra fut ménagée, employée même sous les Bourbons jusqu'en 1848. Elle formait une sorte de police dissidente, mieux informée sur les délits communs que la police orthodoxe, qui s'occupait presque exclusivement des délits politiques. Quand un vol important s'était commis dans un quartier, le commissaire appelait le chef des camorristes et le chargeait de trouver le voleur. Le voleur se trouvait toujours, excepté pourtant quand c'était le chef des camorristes lui-même — ou le commissaire.

De plus, la camorra, comme je l'ai dit, faisait la police des prisons, des marchés, des brelans, des lupanars et de tous les endroits mal hantés de la ville. Elle extorquait de l'argent aux vicieux, mais elle empêchait le scandale. Elle assassinait quelquefois pour son propre compte, mais elle intervenait dans les rixes et faisait rengaîner les couteaux. Maintenant encore, après toutes les persécutions qu'ils ont subies, ces bizarres malandrins servent encore, je ne dis pas à la questure qui les frappe, mais aux particuliers qui les appellent à leur secours. Je connais un vigneron des environs de Naples qui, un beau matin, se réveilla dévalisé; on lui avait pris pendant la nuit toutes ses piastres. Il alla aussitôt faire sa déposition, non chez le délégué du commissariat de police, ni même chez le brigadier du poste voisin, car les gens du pays se sont habitués, sous les Bourbons, à ne point compter sur la police légale; il courut dans une taverne quelconque, et, reconnaissant le camorriste de l'endroit à son toupillon insolent et à ses doigts chargés de bagues, il lui porta sa plainte et lui promit une forte gratification si l'argent se retrouvait. L'argent fut retrouvé.

On comprend maintenant la tolérance de l'ancien pouvoir envers une société si utile. J'entends dire, cependant, que, quand un camorriste commettait un acte un peu trop violent, il était déporté, ou plutôt relégué dans l'île de Tremiti, au milieu de l'Adriatique. Le gouvernement y avait fondé une colonie pénitentiaire, idée excellente, mais réalisée si mal, avec tant de négligence ou de mauvais vouloir, que cette institution ne put corriger ni moraliser personne : au contraire, elle irrita les mauvais instincts livrés à eux-mêmes, et ne fit qu'augmenter la dégradation et l'abrutissement des jeunes criminels. Les égarés qu'on envoya là s'y perdirent. On songea un instant à les ramener par l'influence de la famille, et, à cet effet, reléguant parmi eux des filles de joie, on leur fit contracter des mariages que je n'ai pas besoin de qualifier : il en résulta la plus abominable anarchie morale. Telle était la fameuse colonie de Tremiti.

Veut-on savoir maintenant ce qu'y devenaient les déportés ou les relégués, pour les appeler par leur vrai nom, quand, après les filles de joie, pour achever ces malheureux, on leur envoya les camorristes ?

J'ai dit que chaque relégué recevait dix sous par jour. Le camorriste prenait d'abord un sou pour lui, sa part, la dîme, puis deux sous pour la caisse commune, religieusement gardés. Restaient sept sous, que le relégué dépensait à sa manière. Le pauvre diable envoyé aux îles (car la colonie de Tremiti n'était pas le seul endroit de déportation : tous les rochers perdus au milieu de la mer regorgeaient de condamnés plus ou moins coupables), le pauvre diable, dis-je, envoyé aux îles sans travail, sans besoins d'esprit, sans surveillance, n'avait qu'une distraction possible : le jeu. Il jouait donc les sept sous qui lui restaient, mais il les jouait sous l'œil du compagnon. Ce terrible homme se trouvait toujours là, surveillant toutes les récréations et prenant une dîme sur l'enjeu, pour sa peine.

Les parties se multipliaient, car les journées étaient longues, les joueurs effrénés ; les chances tournaient souvent ; ceux qui avaient gagné d'abord perdaient ensuite ; mais l'exacteur, immobile, sans rien risquer, gagnait toujours. A la fin de la journée, dîme à dîme, les sept sous de tous les relégués avaient passé dans la poche du camorriste.

Encore fallait-il rendre grâce au tyran, qui sauvait au moins quelque chose : les deux sous gardés dans la caisse commune. Sans cette précaution, les malheureux seraient morts de faim, car ils n'avaient pas d'autre ressource. Ces deux sous devaient les habiller et les nourrir : tout le reste allait à la camorra. La société s'enrichissait surtout avec les pauvres, car elle les tenait à la gorge, par leurs vices d'abord, mais surtout par leurs besoins.

— Nous tirons l'or des poux (*facciamo caccià l'oro dai piducchi*), me disait cyniquement un camorriste.

Malgré tous ces abus, je le répète, la secte ne fut point persécutée avant 1848, parce qu'elle ne s'occupait pas de politique. Il m'est revenu un couplet qui le dit très-nettement et qui se chante dans les grandes occasions :

Nui non simmo gravunari,
Nui non simmo realisti,
Ma nui simmo camorristi :
Cuffiammo a chilli e a chisti!

Ce qui peut se traduire en français, mot à mot, par les rimes suivantes :

Nous ne sommes pas charbonniers,
Nous ne sommes pas royalistes,
Mais nous sommes des camorristes :
Nargue aux premiers comme aux derniers!

Un vieux conspirateur, membre de toutes les sociétés secrètes, m'a confirmé ce fait, qui l'avait frappé depuis longtemps.

— Jamais, m'a-t-il dit, je n'ai trouvé dans la charbonnerie un seul camorriste. En revanche, a-t-il ajouté, j'en ai trouvé plusieurs dans la franc-maçonnerie.

Soit dit comme simple renseignement, et sans la moindre intention malveillante à l'égard des francs-maçons, dont je n'ai jamais pensé que du bien.

VII

LA CAMORRA POLITIQUE

1848. — Les *popolani* libéraux. — 1859 et 1860. — Comment les camorristes conspirèrent. — La politique des piastres. — François II et la constitution. — La police de don Liborio. — Les services de la secte. — Le désintéressement du *Persianaro*. — Naples garibaldienne. — Grandeur et décadence des camorristes. — La contrebande de terre et de mer. — *E roba d'o si Peppe*. — M. Silvio Spaventa. — La camorra persécutée. — Démonstrations, coups de sifflet, dénonciations, extorsions, etc. — Le *Bel Garzone*. — Les quatre évolutions de la secte.

Enfin arriva l'année de la démagogie, comme on disait à la cour de Gaëte, et comme on dit encore à la cour de Rome. En réalité, je ne connais pas de mouvement moins démagogique que celui de Naples en 1848. Préparée lentement par des livres et hâtée par le magnifique avénement de Pie IX, cette révolution, si ce fut une révolution, se fit sans coup férir, par une simple démonstration de *galantuomini* (de *gentlemen*). La plèbe était pour la monarchie absolue. Dans l'insurrection du 15 mai, les barricades furent défendues par d'héroïques jeunes gens, tous de bonne famille. Les barricades enlevées, la canaille, il est vrai, pilla la ville, mais en criant : « Vive le roi ! »

Plus tard, il se forma bien une plèbe libérale, et l'un des quartiers populaires parut acquis à la révolution, celui de Montecalvario. Une démonstration sanfédiste ayant été organisée en septembre 1848 par les riverains du quai de Sainte-Lucie, une contre-démonstration constitutionnelle descendit des hauts quartiers pour répondre à cette malencontreuse provocation. Les deux bandes se heurtant dans la rue de Tolède, il y eut des cris échangés, même des coups ; mais la police intervint, et, chassant les agresseurs, emprisonna les autres. A dater de ce jour, il y eut quelques plébéiens libéraux.

Dès lors, et pendant les dix années de terrible réaction que l'histoire n'a pas encore assez flétries, le petit nombre d'hommes politiques qu'on n'avait envoyés ni en exil, ni aux galères, ni au pouvoir (le meilleur moyen de les perdre), et qui, étant restés à Naples, eurent le courage et la patience d'y conspirer encore, sans relâche, pendant douze années, constamment vaincus, mais toujours debout, ces infatigables combattants cherchèrent à se créer un appui dans le peuple. Ce fut une œuvre difficile, non que les idées nouvelles trouvassent ici d'autres idées à combattre, mais précisément parce qu'elles n'en trouvèrent pas.

Le peuple, indifférent et intimidé, ne s'occupait point de politique; il avait la grande liberté qu'il lui fallait (et qui est contrariée maintenant par les nouvelles institutions), celle de la rue. Il pouvait mendier, trafiquer, faire sa sieste, ou ses affaires, ou sa toilette, faire même l'amour en plein air; il y pouvait manger et digérer, il y pouvait dormir; il ne demandait pas autre chose. Peu lui importait d'être sujet ou citoyen. Que faire contre une pareille insouciance? On brise tôt ou tard les plus formidables oppositions, mais il n'y a pas de prise sur le vide. On surmonte une difficulté, on franchit une montagne, mais on s'embourbe dans un marais.

La révolution, qui avait échoué en 1848, resta ensablée dans l'inertie du peuple.

Dans cette foule stagnante, il n'y avait qu'un groupe

vivant : les camorristes. Eux seuls montraient quelque chose encore de cette énergie qui avait soulevé tant de fois les multitudes, avant et après Masaniello. Ils étaient, de plus, les chefs acceptés de la plèbe. Leur autorité s'étendait, on s'en souvient, sur les douze quartiers de la ville, et, bien qu'elle s'exerçât sur toute sur la population flottante des mauvais lieux, des prisons et des bagnes, elle n'en était pas moins subie, c'est-à-dire reconnue, par la généralité des plébéiens. Je rappelle que la secte se substituait, non-seulement à la police, mais à la magistrature, et que, lorsque deux lazzaroni avaient des griefs l'un contre l'autre, ilsrecouraient au camorriste, beaucoup moins cher et souvent beaucoup plus juste que le juge de paix. Or, la noblesse étant abâtardie, la bourgeoisie épouvantée, le parti libéral dispersé, les patriotes confinés en province ou enfermés dans les bagnes, ou jetés dans l'exil, l'armée dans les mains du souverain, le clergé à ses pieds, les Suisses à sa porte, la France hostile aux Bourbons, mais paralysée par l'Angleterre, qui craignait les souvenirs de Murat, — et, à la faveur de toutes ces circonstances, la dynastie bourbonienne, inébranlable dans l'immobilité de sa tyrannie, — les conspirateurs désespérés se dirent : « Il n'y a plus d'autre moyen ! » et ils tendirent la main aux camorristes.

Il y eut une singulière entrevue entre ces drôles résolus, qui s'érigeaient en chefs du peuple, et un gentilhomme napolitain que je n'ai pas besoin de nommer. Ils s'étaient donné rendez-vous dans un quartier reculé, derrière l'Albergo dei Poveri. Ils s'y rendirent avec précaution, le chapeau rabattu sur les yeux, arrivant les uns après les autres et accostant les premiers venus avec un son léger qu'ils rendaient en avançant les lèvres, quelque chose comme le bruit d'un baiser. C'était leur signe de reconnaissance. Quand ils furent tous réunis, ils commencèrent à démolir le gouvernement.

Mais les camorristes avaient la conscience de leur force : ils commencèrent donc par se plaindre et par poser leurs conditions. Ils reprochèrent au gentilhomme (chose incroyable) la révolution de 1848; ils lui dirent ce que j'ai déjà indiqué tout à l'heure, que ce mouvement n'avait éclaté ni dans le peuple, ni pour le peuple, que les bourgeois lettrés et bien vêtus ne s'étaient souciés que d'eux-mêmes, laissant de côté les pauvres gens; que, si un nouveau changement devait survenir, la sainte canaille n'en voulait pas abandonner tous les profits à ceux qui avaient déjà des piastres; qu'il fallait, enfin, de l'argent, beaucoup d'argent, pour soulever une émeute, et que, pour commencer, chaque chef du peuple (c'est-à-dire des camorristes) réclamait une gratification de dix mille ducats.

Cette réclamation fit comprendre au gentilhomme que la cause éternelle de la civilisation et de l'humanité n'était pas précisément le point capital pour les camorristes. Il regretta de s'être laissé conduire à une conférence avec des hommes un peu trop pratiques et n'envisageant qu'un seul côté des questions. Il le regretta d'autant plus que, depuis lors, il fut dans les mains de ces drôles, qui le rançonnèrent cruellement.

Chacun d'eux reçut des appointements fixes, réglés d'après le nombre d'hommes qu'il représentait; car, dans cette conspiration qui n'éclata jamais, chaque initié représentait un certain nombre d'hommes. Il y avait des décurions, des centurions, etc., se faisant reconnaître au moyen d'une sorte de bulletin en parchemin qu'ils portaient sur eux. Ce bulletin, marqué du mot d'*ordine* (c'était le nom du comité secret), n'était pour les hommes de la camorra qu'une lettre de change permanente. La secte se disait libérale et préparait chaque jour une démonstration hostile au gouvernement; mais elle se bornait à la préparer. Elle ne visait qu'aux piastres.

Il y avait cependant quelques gens de bonne foi parmi les compagnons, une femme entre autres, la *si* Giovannara, qui, sans être affiliée à la secte, en connaissait tous les membres et les réunissait chez elle en conciliabules assez périlleux. Elle avait déclaré la guerre à la police, accueillait les plébéiens suspects, cachait les soldats déserteurs et faisait du bruit et du bien pour la bonne cause. D'ailleurs, quoi qu'on puisse en dire, toute cette agitation populaire était bonne, parce qu'elle effrayait le gouvernement. On avait tiré du fourreau une épée de parade qui ne faisait pas beaucoup de mal, mais que le jeune roi François II regardait avec terreur, en la croyant suspendue sur sa tête. Les érudits de son entourage la lui représentaient comme une épée de Damoclès. Ce trône vermoulu n'était plus soutenu que par le fantôme de Ferdinand, et il croula de lui-même quand une ombre de révolution vint se substituer à cette ombre de tyrannie.

Il se passa des choses incroyables en cette période de dissolution, à la fin de 1859 et au commencement de 1860. D'un côté, les camorristes, comme je l'ai dit, rançonnaient les conspirateurs, et, quand le gentilhomme dont j'ai parlé, arrêté sans mandat, détenu sans explication, condamné sans procès, fut exilé de Naples, ils se présentèrent effrontément aux autres initiés qu'ils connaissaient, réclamant d'eux la camorra politique. J'ai parlé, tout à l'heure encore, avec une de leurs victimes. C'était un homme de bien, qui dut s'endetter pour leur trouver des ducats : chaque décurion en exigeait quatre par jour.

D'autre part, M. Ajossa, qui dirigeait la police, au lieu de ménager et d'acheter cette camorra qui ruinait les conspirateurs sans rien faire pour la conspiration, en avait une peur effroyable. Un beau jour, il prit en masse les camorristes et les envoya aux îles : immense malheur! Dès lors ces chenapans se prirent pour des victimes. Il y en eut qui se cachèrent (deux, entre autres, qu'on m'a nommés : le *Chiazziere*, Piazziere, crieur de place, et le *Schiavetto*); ceux-ci furent accueillis, hébergés, choyés même chez de fort honnêtes gens, et, chose étrange, dans leur retraite, inconnue à la police, mais très-connue de leurs compagnons, ils continuèrent à toucher la part du *barattolo* qui leur revenait sur les opérations de la secte. Tous les camorristes étaient dans leur secret; pas un n'alla les dénoncer!

Il y en eut donc qui se cachèrent, mais il y en eut aussi qui furent envoyés au bagne, et, je le répète, ce fut un immense malheur. Ils posèrent en martyrs et purent crier fièrement en quittant les galères: « Nous avons vu Settembrini, Spaventa, Poerio, qui sont nos frères; nous avons partagé leurs souffrances, nous avons le droit maintenant d'en partager la gloire — et le profit! »

Ce fut ainsi que la camorra devint politique. Voyons comment elle entra au pouvoir.

François II occupait le trône depuis une année. Ce prince, également maltraité par ses ennemis, qui en ont voulu faire un monstre, et par ses amis, qui en ont voulu faire un héros, était tout simplement un bon fils. Il poussait le respect filial jusqu'à la vénération et regardait Ferdinand, le seul homme d'esprit et d'autorité qu'il eût connu, comme le plus grand roi des temps modernes. Il en résulta qu'en arrivant au pouvoir. il déclara de bonne foi, dans une proclamation célèbre, qu'il n'espérait pas atteindre à la sublimité de son auguste père. Ce mot sinistre, éclatant comme une bombe dans le pays, fit crever comme une bulle, non-seulement la patiente illusion de tous ceux qui avaient attendu quelque chose du nouveau roi, mais encore la dynastie, la monarchie et l'autonomie des Deux-Siciles.

Ce n'était pas que le royal jeune homme manquât de certaines connaissances et de certaines aptitudes. Esprit moins souple, moins alerte, moins pénétrant que son père, il suppléait aux facultés qu'il n'avait pas par beaucoup de zèle et d'application. Manquant de mémoire, il passait des journées à prendre des notes. Il s'occupait de beaucoup de choses, entrait volontiers dans les détails, savait son code sur le bout du doigt, et aurait pu tenir tête, sur le droit public et sur le droit des gens, aux premiers jurisconsultes de son royaume. Malheureusement, il se sentait déconcerté, dépaysé dans la politique, où il portait de singuliers scrupules religieux. Il ne tenait pas au droit divin par avarice ni par tempérament; mais il le vénérait sincèrement comme un dogme. Il ne voulait pas donner de constitution, parce que son père lui avait dit que c'était un péché mortel.

Je peux garantir ces détails : ils me viennent d'un homme sérieux qui faisait partie du conseil de François II et qui ne s'est point converti au nouveau régime. Je lui ai demandé si, dans son opinion, les idées du prince avaient pu se modifier dans l'exil, après deux années de cruelles épreuves. Il me répondit qu'on le lui avait assuré, mais qu'il ne le croyait pas.

François II avait cédé cependant, avant de tomber du trône, mais après les triomphes de Garibaldi. Ces faits datent d'hier et sont encore dans toutes les mémoires. Une constitution, arrachée de force par le baron Brenier, ministre de France, qui hâta la chute du roi, mais qui du moins le fit tomber avec grâce, fut annoncée le 25 juin 1860, un an trop tard, et repoussée par la plus étrange et la plus accablante des conspirations, celle du silence. Les prisons s'ouvrirent; il en sortit des nuées de camorristes. Leur premier acte, après leur délivrance, fut d'assaillir les commissariats de police et d'en brûler tous les papiers. Après quoi, ils cassèrent les sbires à coups de trique.

Si on les avait laissés faire, ils auraient mis Naples à feu et à sang.

M. Liborio Romano venait d'être nommé préfet de police. Nous étions alors dans un singulier état : entre un roi qui donnait une constitution à contre-cœur et un peuple qui n'en voulait pas le moins du monde, une armée farouche qui était prête à charger la population, et un essaim d'émeutiers qui molestaient et provoquaient cette armée farouche. L'ancienne police avait disparu, la garde nationale n'existait pas encore, la ville était livrée à elle-même, et la canaille sanfédiste, attendant un nouveau 15 mai, se préparait au pillage ; elle avait même loué déjà des boutiques (je garantis le fait) pour y déposer le butin.

Il s'agissait de sauver Naples ; don Liborio ne savait plus à quel saint se vouer. Un général bourbonien lui donna le conseil « d'imiter l'ancien gouvernement, — je reproduis textuellement la phrase, — et de faire ce qu'il faisait en cas de péril. » Don Liborio demanda quelques explications et suivit le conseil du général. Il se jeta dans les bras des camorristes.

On l'en a blâmé sévèrement ; mais que faire ?

Il s'agissait, avant tout, d'empêcher le pillage, et, en

même temps, qui sait? de relever peut-être et de ramener au bien des hommes égarés. Don Liborio n'avait pas encore lu *les Misérables;* mais, appartenant depuis longtemps à ces confréries humanitaires qui voudraient réaliser la cité de Dieu, il croyait sans doute (il me l'a dit vingt fois) qu'il n'y a pas d'être assez dégradé pour ne plus pouvoir jamais devenir honnête homme. Tourner au bien du pays l'énergie fourvoyée des sectaires et changer leur exploitation criminelle en association vigoureuse pour la protection de la société, c'était un beau rêve. Don Liborio ne le conçut peut-être qu'après coup pour justifier son expérience, je l'ignore; je sais seulement que la crise était grave, le péril urgent, la ville sans défense, qu'il fallait empêcher le pillage, et que le pillage n'eut pas lieu.

Je le reconnais de grand cœur; ce fut un service éminent rendu par les camorristes. Heureux de ce premier succès, don Liborio tâcha de les organiser et de les discipliner. Il imagina une garde citadine composée de ces demi-malfaiteurs, qu'il espérait enrégimenter par là dans la société régulière. Les *picciotti di sgarro* remplacèrent les sbires violemment chassés; chaque camorriste en chef devint *capo squadro* (chef d'escouade). Ce fut une révolution improvisée dans le service de la sûreté publique. Et, je dois le dire, cette révolution réussit pleinement dans les premiers mois.

La camorra ne se servit pas seulement de son influence pour prévenir les émeutes, mais elle empêcha jusqu'aux moindres méfaits; il n'y eut jamais si peu de vols commis qu'aux premiers temps de leur surveillance impérieuse et diligente. La garde citadine n'avait encore ni uniformes, ni discipline, ni règlement déterminés; elle se composait de *popolani* vêtus en simples artisans, armés de gros bâtons, et n'ayant d'autre signe distinctif qu'une cocarde tricolore à leur casquette. Ils se firent cependant respecter et redouter plus que n'avaient jamais fait les *feroci*, malgré l'accoutrement, la tournure, la dague et le fusil, le visage hargneux et truculent de ces anciens sbires. La garde citadine se conduisit d'abord bravement et, ce qui paraîtra plus étrange, honnêtement.

Je pourrais le prouver par vingt traits que j'ai vus de mes yeux et qui sont restés dans ma mémoire. Je n'en citerai qu'un, non le plus curieux, mais celui qui exigera le moins de notes et d'éclaircissements.

Pendant la période violente de la révolution, celle

qui précéda l'arrivée de Garibaldi, le peuple en voulait surtout à l'ancienne police, et se vengeait des souffrances qu'il avait subies sous l'oppression vénale et brutale de cette formidable légion de petits tyrans. Je ne cherche point à justifier les excès commis; je rappelle seulement que ce furent de cruelles représailles.

Un jour, un ancien commissaire, mal caché sous le manteau levé d'un cabriolet, fut reconnu par des gens du peuple qui, aussitôt, arrêtant le cheval et attaquant le fiacre, se mirent à pousser des cris menaçants. Survint, par bonheur, un homme influent de la police qui commença par écarter la foule, et, la foule écartée, montant dans le cabriolet à côté du commissaire transi de peur, le conduisit à la préfecture. Là, le pauvre homme, qui se croyait encore au bon vieux temps et qui se préparait à subir la plus terrible inquisition, apprit à son grand étonnement qu'il était libre; mais il ne voulut pas s'en aller, craignant la vengeance populaire plus encore que les ennuis d'une longue détention. Il demanda d'être mis où l'on voudrait, même aux galères, mais pas à la rue. On parvint non sans peine à le rassurer et à le renvoyer sous l'escorte d'un camorriste tout-puissant nommé Cozzolino, et surnommé le *Persianaro* (le faiseur de persiennes). Avec un pareil compagnon, le commissaire n'avait rien à craindre; il rentra donc chez lui sain et sauf; et, dans l'effusion de sa gratitude, il voulut donner une piastre au Persianaro. Mais le brave homme la refusa, disant avec un air de mépris :

— Est-ce que vous me croyez de l'ancienne police?

Ces traits de probité se renouvelaient journellement. La camorra rendait de plus, pendant les derniers mois du règne de François II, des services très-marqués à la cause italienne. Attachés à la révolution et conduits par la conspiration unitaire qui, déjà sûre de sa victoire, n'avait plus même besoin de se cacher, les gardes citadins soufflèrent le feu qui éclairait et enflammait le peuple. Ils allumèrent cet enthousiasme tumultueux pour Garibaldi qui éclatait à chaque instant, dans toute occasion, même avant l'arrivée du patriote; à cette époque étrange de transition ou plutôt de dissolution, où François II, étant roi par la grâce de Dieu, régnant sur les Deux-Siciles et sur Jérusalem, gouvernant encore dans toutes les provinces du continent et même dans la citadelle de Messine, habitant la capitale de son royaume, résidant au palais des souverains, assis sur le trône et entouré de son armée, la ville entière, la très-fidèle ville de Naples appartenait au fantastique héros qui, avant de passer le détroit, l'avait déjà prise et pouvait y entrer seul.

Qu'on se figure les dangers que nous courions alors entre cette décadence et cette apothéose, menacés d'un côté par la démolition, de l'autre par l'écroulement, et livrés à la merci des vaincus, qui, encore tout-puissants et constamment provoqués par les fanfares des vainqueurs, pouvaient foudroyer la ville. Et cependant, sauf quelques policiers frappés aux derniers jours de juin, quelques bourgeois inoffensifs assaillis le 15 juillet dans la rue, et, sans motif aucun, sans prétexte même, lâchement sabrés par la garde royale, il n'y eut pas de sang répandu. François II s'en alla, qu'on me passe le mot, sans tambours ni trompettes, et Garibaldi vint sans coups de fusil : tout cela, grâce aux camorristes.

Mais, après ces services rendus, ils prirent une puissance et une autorité presque effrayantes. La régénération morale rêvée par don Liborio n'avait pu se réaliser qu'à moitié, ou plutôt n'avait paru s'accomplir qu'au premier moment, dans un heureux accès d'enthousiasme. Mais, peu à peu, le vieil homme reprit le dessus chez ces anciens pécheurs un peu trop brusquement convertis. Ce n'étaient pas tout à fait des repris de justice comme les bandits de Vidocq et les cosaques irréguliers de Canler; mais c'étaient des hommes vigoureux, courageux, résolus, habitués à l'abus de leur force; et cette force, reconnue maintenant par le pouvoir, légitimée par une mission officielle, était augmentée à tel point, qu'ils pouvaient tout se permettre impunément. Leur régénération improvisée ne put tenir contre les tentations de leur nouvel état, ni contre les mauvais conseils de leur ancienne existence. En devenant policiers, ils avaient cessé d'être camorristes; ils redevinrent camorristes sans cesser d'être policiers.

Un de leurs plus gros péchés fut de protéger et même de pratiquer la contrebande. Sous les Bourbons, ce commerce frauduleux était exercé par une bande à part, qui avait peut-être des intelligences secrètes avec la camorra, mais qui ne se composait pas de camorristes. Les chefs de la bande étaient bien connus des négociants, qui leur confiaient volontiers leurs affaires et recevaient ainsi leurs marchandises en ne payant que la moitié, le tiers ou le quart des droits. Les douaniers étaient les témoins complaisants, quelquefois même les complices et les entremetteurs de ces manœuvres. Les négociants les plus honorables ne dédaignaient pas d'y recourir; car, en ce temps de corruption universelle, aucune espèce de détournement n'était regardée comme coupable quand il n'y avait de lésé que le fisc.

Mais, après l'arrivée de Garibaldi, la camorra s'empara de la contrebande. Elle ne se borna plus à rançonner ceux qui la faisaient et ceux qui en profitaient, elle la fit elle-même pour son propre compte sur une grande échelle. Il y eut deux contrebandes comme il y avait deux armées : celle de terre et celle de mer. Chacune d'elles obéissait à un chef suprême qui s'enrichissait à vue d'œil. Salvatore de Crescenzo, *le grand homme*, était le généralissime des marins ; il avait sous ses ordres de terribles compagnies de débarquement qui, pendant la nuit, introduisaient frauduleusement de quoi vêtir et parer toute la ville. Des hommes violents, souvent même armés, protégeaient ces manœuvres et effrayaient les douaniers, qui ne demandaient pas mieux que d'avoir peur. Et la douane de Naples, qui avait rapporté jusqu'à 40,000 ducats par jour à l'État, n'en rendait plus qu'un millier à peine.

La contrebande de terre était commandée en chef par un camorriste non moins fameux, nommé Pasquale Merolla. Elle s'opérait très-librement à toutes les portes de la ville. Un piquet de compagnons s'y tenait campé l'arme au bras près du bureau de l'octroi. Quand arrivait un chariot de vin, ou de viande, ou de laitage, et que les gabelous sortaient de leur cave pour faire leur visite et toucher leurs droits, les camorristes s'avançaient en nombre en criant :

— Laissez passer, c'est pour Garibaldi (*è roba d'o si Peppe*) !

Les gabelous s'écartaient aussitôt, et le charretier payait la taxe aux camorristes.

Ce qu'il y a de plus curieux dans tout ceci, c'est que les charretiers ni leurs patrons ne gagnaient guère à cette contrebande. Ils payaient à la camorra les mêmes droits à peu près qu'ils auraient dû payer à l'octroi ; la différence était insignifiante. — Ce n'était donc point l'économie qui les poussait à ces manœuvres, c'était la peur ; ils craignaient le pouvoir occulte plus encore que le pouvoir régulier. Entre deux maux, ils choisissaient le moindre. S'ils payaient la taxe à la secte, ils ne risquaient que d'être surpris par le fisc et de subir une peine légère; mais, s'ils la payaient au fisc, ils étaient parfaitement sûrs d'être pris par les camorristes et roués de coups. Ils payaient donc la taxe à la secte.

Il en résulta des pertes considérables pour l'État, ou du moins pour la ville, à laquelle l'octroi venait d'être rendu. Il arriva même un jour (je garantis le fait, le tenant du ministre alors en place) qu'à toutes les barrières de Naples réunies, l'administration ne perçut, tout compris, que vingt-cinq sous !

Cette énormité ouvrit les yeux au pouvoir, qui ordonna des mesures sérieuses. Quatre-vingt-dix camorristes furent arrêtés dans une seule nuit, en décembre 1860; le lendemain, l'octroi rendit 800 ducats (3,400 fr.).

Enfin, M. Silvio Spaventa, l'un des personnages principaux de 1848, ancien patriote, instruit et calmé par huit années de bagne, vint au pouvoir après l'établissement de la monarchie régulière, dans un moment de réorganisation qui devait être fatalement une période de réaction. Un mérite qu'on ne saurait lui refuser, c'est qu'il se mit vaillamment à l'œuvre. Il fit table rase et brava hardiment l'impopularité.

C'est l'éloge le plus glorieux qu'on puisse adresser à un homme politique.

Quant aux fautes qu'on lui reproche, ce n'est pas ici le lieu de les discuter. Les Napolitains ont un grand défaut : ils s'accusent et se flétrissent volontiers les uns les autres. A les entendre, leur pays serait une caverne de brigands. Un de leurs députés, homme d'esprit et de talent, vient d'écrire un livre : *i Moribondi del palazzo Carignano* (les Moribonds du palais Carignan), dans lequel il prouve avec beaucoup de vivacité que ses concitoyens — ses collègues ! — les députés de Naples, sont un ramassis d'imbéciles ou de sacripants. Au nom du ciel, je prie les étrangers de n'en pas croire un mot ; c'est une façon de parler toute proudhonienne. Je les supplie même de ne pas se figurer, après la lecture de ce pamphlet, qui a fait beaucoup de bruit, que l'auteur soit un homme haineux, malfaisant, un mauvais citoyen, cherchant à prouver aux deux mondes que, si l'Italie n'est plus la terre des morts, elle est du moins la terre des drôles. L'auteur a calomnié son pays, il s'est calomnié lui-même. Il vaut mieux que son livre, et les Napolitains, quoi qu'ils disent d'eux-mêmes, comptent parmi eux des hommes d'esprit et des hommes de bien.

M. Spaventa, ai-je dit, vint au pouvoir et dirigea

longtemps l'intérieur et la police. Un de ses premiers actes fut d'écarter brusquement la camorra.

Il s'y prit cependant avec précaution, attendant un prétexte, une infraction quelconque à la discipline établie. Il n'attendit pas longtemps. L'occasion trouvée, il fit arrêter dans une seule nuit une centaine des camorristes les plus redoutés, qu'il envoya aux îles. Du même coup, il abolit la garde citadine, déjà remplacée d'avance, et lui substitua une garde de sûreté publique organisée de longue main.

On a reproché à M. Spaventa d'avoir, en cette occasion, persécuté les bons comme les mauvais et frappé certains patriotes avancés, voire même des garibaldiens, comme camorristes. Il m'est impossible d'entrer dans cette discussion ; c'est une question de personnes. Peu importe à l'Europe si, dans ces razzias de faquins, on comprit, par malheur ou par calcul, un certain nombre d'hommes dangereux. Je n'aurais point répété cette accusation si elle ne me fournissait l'occasion de rappeler les procédés de l'ancien régime. M. Ajossa, policier en chef de François II, avait annoncé à son de trompe une guerre acharnée contre les camorristes. Il en prit, en effet, une bande et l'envoya aux galères.

Vérification faite, il se trouva qu'il n'avait relégué que des libéraux.

Cependant, malgré les menaces énergiques de M. Spaventa, la camorra ne fut pas détruite. Elle n'existait pas seulement chez un groupe d'hommes, elle était enracinée dans les mœurs du pays. Chassés de Naples, les chefs laissaient derrière eux la secte, qui se reformait aussitôt sous d'autres chefs et continuait, sans interruption, son œuvre fatale. Les victimes de Spaventa tombèrent du pouvoir sans perdre de leur puissance. On les enferma dans les bagnes, ils en sortirent au bout de quelque temps; on les renvoya aux îles, ils s'en évadèrent. Pour se venger du fonctionnaire qui les persécutait, ils organisèrent contre lui des démonstrations populaires; ils poussèrent dans les rues des tas de vagabonds et de va-nu-pieds qui firent un bruit d'enfer en criant : « Mort à Spaventa ! » — et qui allèrent l'attaquer impunément, pêle-mêle, avec un tumulte effroyable, jusque dans ses bureaux du palais des finances, jusque dans l'intérieur de sa maison. C'est ainsi que la camorra persista, toujours menaçante.

En tombant du pouvoir, elle était entrée dans l'opposition. Tous ces forts des halles de Naples ne se contentaient plus de filouter des sous aux loqueteux, ils étaient devenus des hommes politiques. Dans les élections, ils défendaient telle ou telle candidature, en guidant avec leurs triques la conscience et la religion des électeurs. Et ils ne se contentaient pas d'envoyer un député à la Chambre; ils le surveillaient de loin, suivaient sa conduite, épiaient ses démarches, se faisaient lire ses discours, qu'ils étaient incapables de lire eux-mêmes; et, quand ils n'étaient pas contents de lui, le recevaient, à son retour de Turin, par un concert sauvage de sifflets et de huées qui éclataient le soir, à l'improviste, sous les fenêtres de sa maison.

Enfin, les camorristes firent un métier plus immoral encore. J'ai longtemps douté de ce que je vais dire; mais des faits nombreux, éclatants, me l'ont prouvé si bien, que je ne saurais plus le nier; — la secte rançonnait les bourboniens en les menaçant de les dénoncer à la police! Quand un homme était soupçonné de regretter l'ancien régime, il recevait la visite d'un tiers officieux, qui lui disait confidentiellement :

— Vous courez les plus grands dangers; le pouvoir a l'œil sur vous; on assure que vous soutenez les prétres et que vous soudoyez les brigands; vous irez aux galères.

Le malheureux, pâle de peur, suppliait son mystérieux visiteur de le tirer de ce mauvais pas.

— Il n'y a qu'un moyen de vous sauver, disait l'agent de la secte; ayez un camorriste à vos gages, ou achetez celui qui voudrait vous dénoncer.

Une forte somme était alors payée, et le bourbonien, qui n'avait jamais couru le moindre danger, ne s'en croyait pas moins tiré du bagne par la vénalité des policiers qu'il pouvait avoir payés de son argent. Et, dans cette erreur, il pestait contre le régime nouveau, qui faisait exactement comme avait fait l'autre!

Au reste, ce n'était pas la secte seule qui se livrait à ce genre d'extorsions. Bien des amateurs ne craignaient pas de les commettre, et j'aurais à ce sujet de terribles incidents à raconter. L'homme très-connu qui voulut filouter des piastres au baron F..., en le menaçant de le dénoncer comme bourbonien, mais qui, dénoncé à son tour, fut arrêté par l'inspecteur Mele, lequel inspecteur périt quelques jours après, assassiné par un jeune frère du délinquant, — cet homme-là n'était pas un camorriste. Le frère lui-même, le jeune assassin, le *Bel Garzone*, comme on le surnommait, n'appartenait pas à la secte. La camorra ne prit aucune part ni aux démarches tentées auprès du baron, ni au meurtre du juge. Le premier fait fut une spéculation privée; le second, une vengeance fraternelle. J'insiste là-dessus, parce que ce double attentat, qui remplit tous les journaux du temps où il fut commis, a toujours été attribué à la camorra; — assertion démentie, comme on va le voir, par le dénoûment du drame.

Après son crime, le *Bel Garzone* (qui comptait à peine dix-neuf ans et qui avait déjà deux homicides sur la conscience) courut la campagne pour se cacher, essaya, dit-on, de se joindre à une bande de brigands qui ne voulut pas de lui (?), et finit par rentrer à Naples. Il s'y était enfermé dans une retraite impénétrable; mais la camorra se chargea de le retrouver, ce qu'elle n'eût point fait assurément s'il eût été camorriste. La mission étant acceptée, on dit même invoquée, quelques compagnons l'accomplirent non sans peine, ni sans coups de révolver. J'ai vu le *Bel Garzone* blessé, couvert de sang, traîné en prison à travers les rues, au milieu du jour, par des camorristes qui le frappaient cruellement pour le faire avancer. Ils n'auraient point agi ainsi avec un de leurs frères.

Le coup fait, ils osèrent se présenter à la questure et réclamer le prix du sang. Le premier jour, ils n'étaient que cinq ou six se vantant d'avoir arrêté le jeune meurtrier. Le lendemain, il en surgit une trentaine.

Tels furent les hauts faits de la camorra jusqu'à la proclamation de l'état de siége, en juillet 1862. Je pourrais multiplier les anecdotes; mais je ne veux point lasser la patience de mes lecteurs. Je m'en tiens donc là, et je résume en trois mots le rôle politique de la secte. Sous Ferdinand II, elle avait côtoyé la police occulte. Sous François II, elle appartint à la conspiration libérale. Sous la révolution, elle composa la police officielle. Sous Victor-Emmanuel, elle est entrée dans l'opposition et s'est déclarée très-nettement pour le désordre. C'est là, d'ailleurs, sa véritable opinion sous tous les gouvernements.

VIII

LA RÉPRESSION

Exploits récents de la camorra. — Vols avec effraction, *ricatti*, etc., brigandage dans la ville. — Comment les camorristes échappaient aux lois ordinaires. — Complicité de leurs victimes. — Les protections influentes et les juges intimidés. — Mesures exceptionnelles. — La campagne de M. Aveta. — Un chasseur d'hommes. — Lettre du préfet de Naples au ministre. — Les femmes et les enfants des sectaires. — Une lettre du commandant de Ponza. — Déportation aux *Murate*. — Secte dissoute et reformée. — Heureux effet des mesures. — Conclusion.

Enfin, au mois de septembre de la présente année (1862), profitant de l'état de siège qui venait d'être proclamé dans les provinces méridionales, et des pouvoirs étendus qui lui avaient été conférés, le général La Marmora, de concert avec le questeur Aveta, qui l'aida de tout son zèle, de tout son courage et de toute son activité, résolut de frapper un grand coup contre les camorristes.

L'occasion était bonne et risquait de ne plus se présenter jamais. Il y avait péril en la demeure. Jamais la camorra ne s'était montrée si formidable, et ne s'était insinuée plus dangereusement, non-seulement dans les manœuvres politiques, mais dans toutes les variétés d'attentats possibles contre la sûreté des citoyens. Elle en était venue à ce point d'audace et de fureur, qu'il se commettait des actes de brigandage dans Naples même. Chaque nuit, des agresseurs à main armée forçaient le domicile des citoyens.

De mes deux oreilles, j'ai entendu un camorriste, interrogé à la questure, avouer qu'une nuit, dans le bas quartier des *mercanti*, il avait enfoncé la porte d'une boutique pour s'approprier tout ce qu'elle contenait. Mais il faisait très-sombre, et, en fouillant sur lui, le voleur ne trouva pas d'allumettes. Le cas était grave : comment découvrir à tâtons les marchandises et la caisse? comment choisir surtout, car il s'agissait de ne point prendre au hasard? Le pauvre homme était donc fort empêché, quand il aperçut un débit de tabac à quelque distance.

— Ah! se dit-il, voilà mon affaire; je trouverai là de quoi m'éclairer.

Il courut donc au débit de tabac et en enfonça la porte; il y prit ce qu'il cherchait, quelques paquets d'allumettes, peut-être même, en passant, quelques paquets de cigares, et s'en revint tranquillement à la première boutique, où il put trier à son aise et mettre de côté ce qui lui convenait.

Il se commettait enfin des *ricatti* dans la ville comme dans les campagnes. — Je n'ai pas entendu parler d'hommes ni d'enfants enlevés; mais j'en connais qui furent menacés d'être livrés aux brigands ou assassinés dans la rue, s'ils ne déboursaient pas une forte somme d'argent, et qui furent assez sots pour le croire, et qui furent assez lâches pour payer la somme! Ces bourgeois très-connus mériteraient d'être nommés!

Contre un mal pareil, il fallait employer de grands remèdes. Les camorristes échappaient aux lois ordinaires, parce qu'ils effrayaient tous ceux qui auraient pu les poursuivre ou les dénoncer. C'étaient les voleurs qui intimidaient les volés, les malfaiteurs qui imposaient silence à leurs dupes ou à leurs victimes, et qui se les attachaient en quelque sorte par la plus taciturne des complicités, celle de la peur! On ne savait comment faire pour attaquer ces hommes, protégés par ceux qui auraient dû les livrer à la justice, et pour châtier des extorsions justifiées par le consentement des malheureux qui avaient dû les subir. Il ne se trouvait ni parties civiles, ni témoins à charge contre des scélérats si redoutés. Les plébéiens, taxés, rançonnés, balafrés, poignardés, niaient tout, et déclaraient devant les tribunaux que l'accusé présent était le plus honnête homme du monde! et, d'ailleurs, pouvaient-ils affirmer autre chose sans s'accuser eux-mêmes et sans déclarer *coràm populo* qu'ils étaient des poltrons et des imbéciles qui s'étaient laissé jouer, détrousser, dépouiller, maltraiter lâchement, ridiculement?...

Je dirai tout : chaque camorriste arrêté trouvait des protecteurs influents qui lui décernaient des certificats de bonne conduite. Dès qu'un membre de la secte était conduit à la Vicaria, le questeur était sûr de recevoir vingt lettres signées de noms respectables et plaidant la cause de l'infortuné! J'ai tenu de ces épîtres dans mes mains; si j'écrivais un pamphlet, je nommerais les signataires.

Un dernier mot, et j'aurai tout dit : ces effrontés malfaiteurs intimidaient jusqu'à leurs juges. Oui, j'en ai vu qui furent acquittés parce que la magistrature elle-même, celle d'autrefois, bien entendu, la magistrature avait peur!

Il fallait donc des mesures exceptionnelles pour frapper les camorristes, qui échappaient à toutes les lois pénales, grâce à la terreur inspirée et maintenue par leur association. Le pouvoir profita de l'état de siége: M. Aveta commanda contre les sectaires une guerre incessante, une campagne vigoureuse pareille à celle que commande le général La Marmora contre les brigands. Il fut puissamment secondé par M. d'Amore, secrétaire général de la questure, et par quelques délégués, notamment MM. Jossa et Capuano, qui, plusieurs fois emprisonnés sous les Bourbons pour délits politiques et longtemps détenus, connaissaient personnellement tous les plus mauvais camorristes. Le premier m'a raconté ses expéditions; elles sont incroyables. Il accostait dans la rue un de ces farouches malfaiteurs qui se croyaient inviolables, et lui frappait sur l'épaule en lui disant brusquement:

— N'es-tu pas tel ou tel?

Et, sur la réponse affirmative du passant, Jossa reprenait:

— Marche dix pas devant moi, à la Vicaria!

L'homme baissait la tête et marchait sans mot dire.

Il y eut des arrestations plus difficiles. On apprit un jour au délégué qu'un des bandits qu'il poursuivait se cachait dans une villa de Capodimonte, à un quart d'heure de la ville. Jossa prit un fusil de chasse et partit pour la campagne. Arrivé dans la villa désignée, à l'entrée d'un petit bois, il rencontra un paysan qui lui dit :

— Prenez garde ! il y a un brigand par là, ne vous y risquez point.

Jossa prit son fusil à deux mains et s'engagea dans le bois comme s'il y allait chasser, regardant à droite et à gauche à travers les arbres.

Au bout d'un certain temps, il trouva son homme, mais il fit semblant de ne point l'avoir aperçu. Il marcha vers lui toujours en chasseur, ayant l'air de chasser des oiseaux dans les ramées. Il s'avança ainsi jusqu'à trente pas du camorriste, qui s'était arrêté. Alors il s'arrêta aussi brusquement, et lui cria la main tendue :

— *Non ti movere* (ne bouge pas) !

— Ah ! c'est à moi que tu en veux ? dit le camorriste.

Il pointa aussitôt son pistolet sur le délégué, qui, au

même moment, le coucha en joue. Blessé à la tête, la bandit alla rouler au fond d'un ravin, où sauta derrière lui l'étrange et hardi chasseur d'hommes.

— Au nom de Dieu, ne me tuez pas ! dit le camorriste tapi dans la broussaille et transi de peur.

Jossa lui répondit comme aux autres :

— Marche dix pas devant moi, à la Vicaria !

Ils rentrèrent ainsi tous deux dans la ville, l'un blessé, tout sanglant, devant l'autre qui le suivait à dix pas de distance, son fusil à la main. Le peuple regardait avec stupeur, ne comprenant rien à ce spectacle.

Grâce à cette chasse acharnée, le préfet de Naples put écrire au ministre de l'intérieur, à la date du 23 septembre 1862, la lettre suivante, parfaitement authentique et encore inédite :

« Votre Excellence sait parfaitement qu'un des héritages les plus désastreux légués à ces provinces par le gouvernement bourbonien est ce qu'on appelle la camorra, et à quel point les camorristes, se serrant avec astuce autour des partis politiques qui s'exaltent avec arrogance jusqu'aux prétentions les plus insensées, s'étaient portés ces derniers jours, avant la proclamation de l'état de siége, à des excès et à des perversités plus violentes que jamais. Les recettes de l'État risquaient d'être complétement dévorées par les continuelles contrebandes qui les entamaient de tous côtés ; les propriétés des citoyens étaient en butte à de continuelles agressions qui menaçaient d'ébranler les bases les plus solides de la sûreté sociale, si l'autorité politique ne s'était pas appliquée résolûment à attaquer dans ses racines cette espèce protéiforme de délits. Il fallait des mesures énergiques qui, sans transactions ni lenteurs judiciaires (incapables d'atteindre les nouvelles recrudescences de ce mal social), subjuguât d'un coup à l'autorité des lois l'infatigable opiniâtreté des camorristes, et rendit ainsi, en peu de temps, leur dignité aux percepteurs des recettes publiques et la sûreté de leurs propriétés au reste des citoyens.

» Et ces mesures énergiques ont été prises. Trois cents des camorristes les plus effrontés ont été mis en prison en peu de jours. A-t-on touché le but et y a-t-il eu rien d'injuste, rien de révoltant pour la conscience publique dans l'urgente exécution de ces arrestations? Que pour nous réponde l'applaudissement général qui vient de les accueillir, et, de plus, comme justification irréfragable, les recettes de l'octroi triplées, celles de la loterie portées à un chiffre qu'elles n'avaient jamais atteint [1], les agressions contre les propriétés presque complétement cessées, le sentiment de la sûreté personnelle tout à fait relevé de la prostration où il était tombé précédemment.

» Cependant, pour que ces bienfaits ne soient pas éphémères et que, du sein même des prisons de la ville où ils sont enfermés, ces effrénés camorristes ne se portent point à quelque tentative de révolte et n'y agissent pas, par des excitations perfides, sur leurs adhérents, il me semble urgent que Votre Excellence veuille bien désigner, soit dans l'île de Sardaigne, soit ailleurs, un endroit séparé où puissent être confinés au plus tôt ceux d'entre eux qui, dans le public, ont la réputation d'être les instigateurs les plus acharnés de *camorra*, ayant égard au nombre de fois qu'ils ont déjà réclamé l'attention de l'autorité publique, et tenant pour certain qu'ils ne pourraient être remis en liberté sans s'abandonner de nouveau à leurs penchants invétérés et incorrigibles.

» Que si l'on transplante sous un autre ciel cent

1. Voir à ce propos le dernier mot du présent volume.

quarante ou cent cinquante de ces camorristes, la conscience publique sera rassurée des inquiétudes que pourraient lui inspirer le danger de désordres toujours renaissants provoqués par l'évasion de ces criminels ou par leur relégation sur des terres trop rapprochées. On offrirait par là aux autres un exemple efficace, et, après quelque temps de séjour en des pays éloignés, on pourrait espérer de voir leurs âmes retrempées et ramenées à l'observation des lois et au respect du pouvoir. Enfin ce ne serait pas le moindre avantage de cette mesure de diminuer, dans les prisons, l'encombrement des hommes perdus qui les remplissent, et l'on établirait par là une garantie durable de tranquillité publique et de sûreté privée pour tous les citoyens.

» Dans l'assurance que ma proposition méritera le suffrage de Votre Excellence, j'attends au plus tôt ses instructions. »

Ces instructions étaient urgentes. Toutes les mesures prises jusqu'alors contre les camorristes n'avaient pas suffi pour détruire la secte, ni pour la diminuer. Leur détention dans les prisons était non-seulement un embarras et un danger pour le pouvoir, mais une rigueur inutile. Enfermés dans une salle à part, ils pesaient moins sur les détenus, mais ils continuaient à rançonner la ville. Leurs femmes se présentaient toujours aux contribuables et obtenaient la *camorra* sans la moindre difficulté. Les plébéiens les plus aguerris tremblaient devant les jupes de ces drôlesses. Ils savaient qu'un jour ou l'autre leurs maris sortiraient de prison le bâton à la main et demanderaient compte aux récalcitrants de la dette refusée. D'ailleurs, la femme d'un camorriste était elle-même une puissance, et les enfants qu'elle avait mis au monde se faisaient respecter dès le berceau. Ces picciotti en herbe jouaient du couteau dès leurs premières années; il y avait des gymnases clandestins d'instruction mutuelle dans la ville et même dans les prisons, où cette escrime périlleuse leur était enseignée. Aussi le peuple ménageait-il en eux non-seulement les fils de leurs pères, mais aussi des *bravi* précoces et déjà mûrs pour l'assassinat.

On n'arrivait donc à rien en tenant enfermés les camorristes. Quant à la relégation dans certaines îles trop rapprochées, Ponza, par exemple, cette peine insuffisante ne corrigeait pas les condamnés, témoin la lettre suivante, adressée par le commandant de l'île au questeur de Naples et déjà publiée dans la *Nazione* de Florence :

« Ponza, 12 juillet 1862.

» Je communique à l'autorité de Votre Seigneurie que, dans cette île, placée sous mon commandement, se trouve un camorriste relégué nommé Fortunato Auttieri, accompagné de plusieurs autres : Francesco Esposito, Biagio Marino, Luigi Bottiglieri. Aucun avertissement ni mesure de rigueur n'a pu ramener ces hommes dans le droit chemin. Voyant donc que l'Auttieri, secondé par ses compagnons susnommés, commet chaque jour des abus dans l'île et pousse même l'audace jusqu'à marcher sur toutes les lois, et avec des menaces, des voies de fait, à main armée, exige la *camorra* de tout relégué arrivant ici et d'autres encore qui gagnent *quelque obole à la sueur de leur visage...* (Je traduis littéralement et j'interromps la phrase, qui ne finit pas dans le manuscrit original). Et, en effet, il y a quelques jours, le relégué Michele Lucente, arrivé dans cette île, fut bâtonné sous mes yeux, tandis qu'il se rendait à mon habitation, jusqu'à ce qu'il saignât du nez et de la bouche ; et cela, parce qu'Auttieri voulait de l'argent de Lucente. Avant-hier, ce même camorriste se présenta péremptoirement à un autre relégué, Ferdinando Ungaro, employé aux travaux de creusement du port, en lui demandant sa part du salaire et de l'argent gagné par Ungaro en vendant des fruits, comme il y est autorisé. Et Auttieri poussa l'insolence jusqu'à frapper cet homme sur la tête avec un gros bâton. Je fus donc forcé de faire mettre en prison le camorriste et de confiner les autres dans les casernes de cet endroit de relégation. Mais, comme je ne pourrai les y tenir longtemps ni les laisser libres dans l'île, et dans l'assurance que ledit Auttieri, avec sa bande, commettrait encore des abus et renouvellerait les désordres, je demande à Votre Seigneurie que ce perturbateur, éloigné de cette île avec Luigi Bottiglieri, qui le seconde en tout, soit conduit à Ventotene (autre île voisine) ou dans tout autre endroit que Votre Seigneurie trouvera plus convenable, afin de le séparer de cette société qu'il maintient dans le trouble et dans la terreur. »

On le voit, la camorra s'exerçait, obstinément même, à Ponza, par les hommes qu'on y envoyait précisément pour les corriger. Il était donc impossible de combattre le fléau par les moyens ordinaires. Il fallait provoquer une relégation dans un pays plus éloigné de Naples, habité par une population plus vigoureuse ou du moins plus rebelle à cette oppression encore inconnue chez elle et, par conséquent, non reconnue. La Sardaigne paraissait répondre de toute manière aux intentions du questeur et du général La Marmora. Mais le gouvernement ne consentit point à faire un si triste cadeau aux habitants de cette île. Il fut question un instant d'obtenir du roi de Portugal un coin d'Australie pour y déporter cette colonie de tyranneaux incultes; mais, au moment où j'écris cette page (1er novembre 1862), je ne sache pas que les négociations entreprises à ce sujet aient encore abouti. En attendant, soixante-trois camorristes ont été enfermés aux Murate, prison cellulaire de Florence; cent autres, déportés à Tremiti, la colonie pénitentiaire dont j'ai parlé déjà plusieurs fois; il en reste encore une centaine pour cette dernière île et une vingtaine pour les Murate, qu'on agrandit, je crois, ou qu'on répare pour les recevoir.

Ces rigueurs suffiront-elles pour détruire la secte? Je n'ose l'espérer. J'ai encore sous la main un triste document qui prouve la vitalité de la camorra, sa cohésion nquiétante, sa facilité à se reformer après des pertes considérables. Lorsque ces soixante-trois premiers déportés furent envoyés à Florence, — et parmi eux figuraient les plus importants, les propriétaires, les *guappi* (les matamores) et les chefs, — le soir même de leur embarquement, on surprit la lettre suivante, envoyée aux compagnons du Carcere-Nuovo par ceux de l'hôpital de San-Francesco :

« Très-chers compagnons!

» Après vous avoir chèrement salué tous, — comme font tous les miens, — je viens vous apprendre que le chef et le comptable sont partis d'ici. Aussi les compagnons, réunis tous ce matin en conseil, ont cru devoir nommer Scola pour leur chef, et pour comptable *Piede-di-Porco* (pied de porc). Je vous fais donc savoir tout cela; et, de notre côté, nous désirons savoir qui vous avez élu pour votre chef, car il nous est revenu que Mormile est parti. (Mormile, en effet, fut des premiers qu'on envoya à Florence.) Je vous fais savoir, comme vous devez vous y attendre, que vous n'aurez pas la bouteille, parce que nos compagnons ont emporté la caisse. Mais, pour la semaine courante, vous recevrez comme toujours l'argent qui vous revient. J'attends votre réponse, et, vous saluant chèrement, de concert avec tous les autres, je signe

» Votre compagnon,

» GIUSEPPE SCOLA. »

On le voit, le soir même de sa dissolution, la société était déjà reformée. Giuseppe Scola, le nouveau chef, était un homme déjà vieux, ancien soldat de Murat, maître d'armes ou, pour traduire littéralement le titre qu'il se donnait, professeur de couteau; très-libéral, du reste, et de la nuance la plus foncée : il exécrait tous les souverains. Je le tiens de plusieurs victimes des Bourbons qui l'ont connu dans la prison de Santa-Maria-Apparente.

Je crains donc que les mesures prises ne suffisent pas pour détruire complètement la camorra. Il y a pourtant des gens qui les trouvent trop rigoureuses. A ceux-là, je réponds par le présent opuscule, qui les guérira peut-être de leur philanthropique sensibilité. Je les prie surtout de lire attentivement les biographies que je renvoie à l'Appendice. Ce ne sont pas de petits pamphlets de fantaisie improvisés pour l'amusemen des lecteurs frivoles. Ce sont des documents sérieux, authentiques, officiels !

Et je constate, en terminant, que, si les rigueurs dont j'ai parlé ne suffisent pas pour détruire complètement la secte, elles ont déjà produit du moins d'excellents résultats, affirmés non-seulement par la lettre du préfet au ministre, mais encore par la statistique du crime, qui, depuis ces exécutions énergiques, proclame que le nombre des méfaits connus a diminué des deux tiers ! Encore un peu de temps, beaucoup de patience et de courage, une vigilance assidue, une infatigable persistance dans la fermeté et surtout dans l'honnêteté, et cette horrible plaie encore ouverte ne sera pas seulement cicatrisée, mais à jamais effacée.

Telle est l'œuvre que l'Italie doit accomplir dans l'Italie méridionale. Ses ennemis ne sont point politiques ; les autonomistes, les fédéralistes, les bourboniens, les mazziniens eux-mêmes ne sont point assez forts pour l'ébranler. Tant qu'ils seront réduits à leurs propres ressources, ils écriront des lettres et des brochures, peut-être même de gros mémorandums et de gros volumes; mais ils ne détruiront jamais ce grand principe national, rêve éternel de l'Italie, réalisé de nos jours, après tant de siècles de souffrances, par la foi d'un honnête homme couronné !

Non, ces ennemis ne sont pas dangereux. Ils ne pourraient l'être qu'en ameutant contre la patrie commune tous ces éléments de dissolution, héritage fatal de l'ancien régime, toutes ces associations contre la société, le brigandage des campagnes et le brigandage des villes [1], les bandes de Donatelli Crocco et celles de Salvatore de Crescenzo, ramassis de sanglants faquins qu'on peut lâcher, à force d'argent, au milieu des populations terrifiées, en promettant le pillage aux vainqueurs et l'incendie aux vaincus. Ce sont là, dans le Midi, les vrais ennemis de l'Italie. Ce qui lui résiste,

1. Qu'on ne s'étonne pas de ce rapprochement que je fais souvent entre les brigands et les camorristes. Ceux-ci ne valent pas mieux que les autres, et sont même méprisés par eux. Un de mes amis, M. Alexandre Écoffey, a vu Talarico à Ischia : le fameux don Giosafatte Talarico, qui, n'ayant pu être détruit par Ferdinand II, avait capitulé avec ce monarque et lui avait rendu son fusil contre l'impunité, plus une pension qui lui est encore exactement payée par le gouvernement actuel, héritier des charges de la dynastie précédente. Or, en montrant à mon ami un homme qui se tenait debout devant un étalage de fruits et qui paraissait assez richement accoutré en *mezzo-galantuomo* (demi-bourgeois), Talarico s'écria dédaigneusement, avec une grimace de mépris que je ne saurais rendre : « Çà? C'est un de ces chenapans de Naples, un être de rien... un camorriste! »

c'est l'ignorance qui ne veut pas être éclairée; c'est la misère qui ne veut pas être détruite; c'est le brigand qui ne veut pas devenir artisan ni soldat; c'est le camorriste qui ne veut pas gagner durement par le travail ce qu'il extorque aisément par la violence; c'est le mal sous toutes ses formes, sous tous ses masques, insurgé contre la régénération morale qui ose maintenant l'attaquer et qui le détruira. La question a changé maintenant. L'Italie n'est plus pour Naples un nouveau gouvernement ni une dynastie nouvelle. L'Italie, c'est l'ordre social défendu par tous les hommes de sens et de cœur; c'est l'association des honnêtes gens avec les forces du Nord et celles du Midi, les forces du pouvoir et celles du peuple, police, armée, garde nationale, luttant maintenant avec un zèle unanime contre les vieilles associations d'assassins et de voleurs qui opprimaient autrefois le pays. Devant cette grande campagne, toutes les questions de forme et de dynastie disparaissent. Il faut l'Italie entière, l'Italie complète pour abattre ces coalitions criminelles qui lui font la guerre et qu'elle doit briser.

Il faut que l'Italie triomphe; car l'Italie, c'est la liberté, l'humanité, la civilisation. Que tous ces grands principes, ignorés, méconnus ou repoussés par les dynasties déchues, sortent maintenant de l'ombre et du silence où l'on tâchait de les ensevelir; que le peuple affranchi se retrempe dans le sentiment de sa dignité et de sa puissance; que la violence et l'iniquité d'en haut n'autorisent plus la violence et l'iniquité d'en bas; que la peur, ce honteux instinct de dégradation et d'asservissement, soit secouée tout à fait par la conscience populaire qui se relève. Voilà le système de répression qui ne peut manquer de réussir, et la camorra n'existera bientôt plus que dans cet opuscule oublié.

APPENDICE

BIOGRAPHIES DE CAMORRISTES

Pendant que j'écrivais les pages qu'on vient de lire, il se préparait à la questure de Naples, sous l'intelligente et laborieuse direction de M. d'Amore, secrétaire général, un travail bien plus considérable et qui a été terminé en même temps que le mien. Il remplit un énorme dossier in-folio de documents réunis sous ce titre : *Résumés biographiques sur les camorristes frappés par les dernières mesures, provenant des archives judiciaires, des documents de la questure et des informations de divers fonctionnaires. Novembre* 1862.

C'est un recueil de pièces justificatives assemblées pour expliquer les rigueurs récentes contre les incorrigibles affiliés de la camorra. Il en ressort nettement que tous les sectaires envoyés récemment à Tremiti ou à Florence sont des malfaiteurs obstinés, déjà frappés de plusieurs condamnations qui ne les empêchaient pas de retomber dans de perpétuelles récidives. Chacune de ces biographies est une liste de délits constatés, une succession de chutes, une cascade de crimes. J'avais obtenu la permission de consulter ce douloureux document, et je comptais le transcrire tout entier à la fin de mon travail. Ces pièces *justificatives*, servant à une double fin, auraient ainsi appuyé moralement l'œuvre de la questure et historiquement la mienne. Par malheur, ce dossier s'est trouvé trop volumineux pour être intégralement reproduit dans mon livre, dont il aurait doublé l'étendue par une surabondance de faits et de preuves qui risquaient d'accabler le lecteur déjà convaincu. Il faut de la mesure et de l'harmonie dans la moindre de nos productions, et je trouve inutile de construire un château fort pour étayer une guérite.

En parlant ainsi, je ne songe nullement à critiquer le travail de la questure, dont la nécessité ne saurait être contestée; j'ajoute même (et j'en félicite cette infatigable administration) que ces *résumés biographiques* ne sont eux-mêmes que la quintessence d'un travail encore plus considérable : six cents pages *in-folio*, qui seront bientôt remplies et consignées aux archives pour l'utilité du questeur actuel et pour l'instruction de ses successeurs. Mais, pour ma part, n'ayant pas à veiller sur la sûreté de Naples, j'ai dû me borner à résumer le résumé de cet immense ouvrage, écartant d'abord les renseignements et les documents qui avaient déjà pris place dans mon étude, et resserrant presque toujours dans une ligne ou dans un chiffre les interminables séries de délits qui couvraient des pages dans le sommaire de l'honorable secrétaire général. Je n'ai reproduit textuellement que les faits curieux ou les faits nouveaux que j'apprenais moi-même à mesure que j'avançais dans la lecture de ces pièces justificatives si diligemment recueillies.

Un dernier mot avant de clore ce préambule. Dans la plupart des articles qu'on va lire, ce n'est plus la camorra qui est en jeu, ce sont les camorristes. Il ne s'agit plus des œuvres collectives de la secte, mais des œuvres particulières des affiliés. Ces pièces ne prouvent pas que la camorra, comme on le croit ici communément, soit le vol et le meurtre, tel qu'il se pratique partout, à Paris, à Londres, à Vienne aussi bien qu'à Naples. Elles prouvent seulement que les principaux camorristes vivants, nommés dans cet appendice, sont des voleurs et des meurtriers. Ainsi, jusqu'à présent, j'ai dépeint la secte même dans la spécialité de ses actes, de ses méfaits, et même de ses bienfaits. Je vais maintenant faire voir les sectaires, non plus comme sectaires, mais comme hommes, et montrer ainsi de quels dangereux scélérats la questure de Naples vient de délivrer la société.

I

SALVATORE DE CRESCENZO.

Le roi de la bande, le Lacenaire des camorristes. Il débute en février 1849 par trois délits à la fois : port d'armes prohibées, résistance à la force publique, blessures graves portées à Bornei, caporal de marine.

Emprisonné pour ces faits, il continue en prison son métier ; il blesse un détenu et en tue un second (Luigi Salvatore), le 14 juillet 1849, parce que ce malheureux n'a point voulu se soumettre à ses braveries. Il n'est condamné, malgré ces crimes, qu'à cinq ans de prison.

Libre en 1855, il recommence à pratiquer la camorra dans la ville. Il est repris, et la police, qui le craint au castel Capuano, l'envoie en province et l'enferme dans la prison centrale de la principauté de Nolise.

Mais, la police renonçant à sévir contre la camorra, de Crescenzo revient à Naples, où il attend sa libération au dépôt de la préfecture. Loin de s'y calmer, il s'y porte à des actes si violents, qu'il s'entend condamner encore à six mois de prison.

Relâché sous don Liborio (voir plus haut, chap. VII), il devint chef d'escouade de la garde citadine; mais il se conduisit si mal dans sa nouvelle carrière, que la garde citadine est désarmée, supprimée d'un coup, dans une nuit, par M. Silvio Spaventa.

Alors la camorra, comme je l'ai déjà dit, chassée de la police, retourne à son premier métier. De Crescenzo, plus dangereux que tous ses confrères, est enfermé au castel Capuano, puis relégué dans l'île de Ponza. C'est là que commence son animosité contre

Antonio Lubrano (voir le chap. III). On sait la fin de cette tragique histoire : condamné à mort par l'influence de Salvatore de Crescenzo, Lubrano vient d'être assassiné dès son entrée dans la prison du castel Capuano. C'est le dernier crime du *grand homme*, jusqu'à présent du moins. Il vient d'être envoyé aux Murate de Florence. Un dernier trait : il est bourbonien [1].

II

VINCENZO ZINGONE.

Ce chef, déjà nommé, régnait à San-Francesco, pendant que de Crescenzo gouvernait au castel Capuano. Voici sa vie en deux mots :

Il débute à l'âge de quinze ans par des *vols à la tire* (*furta di destrezza*), et, pour ces faits, est souvent détenu, de 1837 à 1841, dans la prison de Santa-Maria-Apparente. En 1841, il tire le couteau pour la secte et

1. Voir au chapitre II ses démêlés avec Antonio Lubrano.

devient camorriste. Rendu à la liberté, il se conduit si bien, que la police l'envoie dans l'île de Tremiti. Gracié de nouveau en 1848, il recommence son commerce d'extorsions, se fait reprendre et relâcher encore, et enfermer de nouveau, comme vagabond et comme voleur, en janvier 1851.

Il provoque une émeute parmi les camorristes du castel Capuano, pour la distribution du *barattolo*, et se fait condamner à vingt mois de détention dans la prison d'Avellino. Sa peine subie, il ouvre dans l'arrondissement du *Mercato* (l'une des douze *sezioni* de la ville de Naples) un café qui devient le quartier général de la camorra, de la contrebande et du vol; le dépôt du butin, le refuge des malfaiteurs. Une visite domiciliaire en ce lieu suspect surprend tout un bazar d'objets volés, de munitions et d'armes. Zingone retourne dans la prison de San-Francesco, d'où il correspond avec Mormile et de Crescenzo, comme nous l'avons vu. Il est maintenant aux Murate de Florence.

III

VINCENZO ATTINGENTI (DE NAPLES).

Arrêté en mai 1849 pour vol et condamné à vingt-neuf jours de prison; repris peu après pour avoir filouté un mouchoir dans la poche d'un officier du ministère de la guerre, et dénoncé dès lors à la police et par la police comme un des plus *callidi furfantelli* (des plus fourbes galopins) de la ville; repris en 1850 comme vagabond et suspect; repris en 1853 sous l'imputation d'un autre vol; enfermé en 1853 et en 1854 dans la prison des imberbes (à San-Agnelo); envoyé en 1855 dans celle de San-Francesco; repris en 1858, pour la cinquième fois, comme malandrin incorrigible; éloigné de Naples, écroué dans les prisons de Campobano, puis relâché sur ses promesses de bonne conduite; mais repris pour la sixième fois, en novembre 1860, à cause d'un long stylet qu'il portait sur lui; relâché encore en 1861 et arrêté quelques mois après, au moment où il se jetait, un pistolet à la main, sur un passant qu'il voulait probablement détrousser, puisqu'on trouva sur lui une montre et des bagues provenant de vols précédents, et les fausses clefs qui avaient servi à les commettre; acquitté malgré ce fait, faute de preuves suffisantes (!), mais repris quelques jours après pour la huitième fois sous l'imputation d'un vol et pour détention d'armes prohibées. Tel est l'état de services de Vincenzo Attingenti. Durant son huitième emprisonnement, il a fait assassiner un garçon nommé Parisi, pour je ne sais quelle histoire de femme : une rivalité d'amour. Attingenti est maintenant aux Murate de Florence.

IV

PASQUALE BASCHI OU BASCOLI.

Condamné à la peine des fers, au presidio, dès 1849, pour vol qualifié; enfermé de nouveau en mai 1859 sous la triple imputation de résistance à la force publique, de vol avec violence et de blessures portées à un certain Alfonso Somma; condamné à une nouvelle reclusion qu'il subit en partie dans la prison de Castellamare; repris par les carabiniers, le 4 avril 1861, pour manœuvres suspectes; relâché bientôt faute de preuves suffisantes, et arrêté enfin le 12 février de la présente année, accusé de vol et de viol. Il est maintenant aux Murate de Florence.

V

TOMMASO MAZZOLA. — ANTONIO SAN-GIOVANNI.

Ici, je ne résume plus, je vais citer textuellement le rapport de la questure; car il s'agit d'une variété de camorra qui n'a pas trouvé place jusqu'à présent dans ce volume:

« Ceux-ci sont des plus pervers camorristes. Ils avaient établi leur empire sur le marché de la place des Orfèvres. Sous couleur de faire les courtiers, ils s'entremettaient bon gré mal gré dans les affaires d'autrui pour l'achat ou la vente d'objets ou matières d'or et d'argent, et exigeaient le tribut imposé par leur audace, en faisant bon marché de la liberté des conventions, soit à l'égard des marchands, soit à l'égard des chalands. Depuis 1858, les archives judiciaires ont eu à recueillir des preuves très-claires de leurs extorsions.

» Parmi les autres faits dénoncés durant cette année (1858), on trouve celui-ci : Un jour, San-Giovanni prit chez un orfévre, nommé Luigi Talamo, une paire de pendants d'oreilles, sous prétexte qu'il les devait montrer à une personne qui en voulait acheter. Quand il les tint en sa possession, il refusa catégoriquement de les rendre, disant très-haut qu'il était Antonio San-Giovanni, et homme à faire payer bien cher leur résistance à ceux qui oseraient se refuser à l'exécution de ses volontés. L'orfévre ne s'épouvanta point de ses menaces : il s'adressa à la police, porta une plainte en escroquerie, et le fripon bravache fut arrêté : arrêté, mais non corrigé, car la camorra était devenue sa vie. Quelques mois après, la force publique devait intervenir sur la place des Orfévres pour de nouveaux désordres dumême genre dont San-Giovanni était l'auteur. S'étant interposé dans un marché entre deux orfévres pour deux pendants d'or et une épingle de diamants, il réclamait, bien que l'affaire ne se fût point arrangée, les marchands n'ayant pu s'entendre sur le prix, un courtage de huit ducats.

» Le second de ces deux courtiers, Tommaso Mazzola, eut également affaire, à plusieurs reprises, avec la justice, pour des abus du même genre. Le 23 novembre 1848, il fut dénoncé à la magistrature pénale et incarcéré comme vagabond et perturbateur de la tranquillité publique ; le 5 novembre 1858, il fut condamné à quinze jours d'emprisonnement pour violences contre le droit d'autrui ; en février de l'année courante, il fut arrêté pour port d'arme prohibée et outrages envers les agents de la force publique.

» Mais les deux compagnons, étant étroitement ligués pour l'exercice de leurs extorsions, et ayant à leurs ordres un ramassis de complices, s'inquiétaient bien peu des rigueurs momentanées de la justice, qui, ne tombant tour à tour que sur l'un d'eux, laissaient à l'autre le champ libre. Aussi, loin de diminuer par la répression, leurs criminelles entreprises croissaient en nombre et en violence.

» Le trafic libre n'a véritablement été assuré sur la

place des Orfèvres que le jour où l'arrestation simultanée de Mazzola et de San-Giovanni a coupé court à leurs trames mystérieuses. »

VI

FELICE DE MEO OU MELE.

Arrêté le 23 mars 1853, pour vol avec agression au préjudice de Raffaele Maïorini, et pour résistance à la force publique; écroué le 23 septembre pour ce fait au bagne de Carmine; relâché le 6 août 1855, il s'associe avec le fameux voleur Nicandro Mancini, et, après l'avoir aidé dans une longue série de vols, repris le 11 octobre 1856, il figure comme accusé dans le fameux procès où comparurent plus de trente malfaiteurs chargés de délits de toute espèce. Acquitté, Dieu sait comment, et rendu à la liberté le 31 août 1858, il est enfermé de nouveau l'année suivante, le 3 août, convaincu de vagabondage équivoque et nocturne, et de blessures graves, à main armée, portées à sa belle-sœur.

Il sort du castel Capuano pendant la révolution, s'enrôle parmi les garibaldiens, puis dans la garde mobile ; mais même alors, sous la chemise rouge et la tunique bleue, il s'associe avec un autre malfaiteur célèbre, Domenico Sole, et continue son métier de voleur. Camorriste très-redouté, sa dernière arrestation est fêtée dans son quartier comme une délivrance.

VII

LUIGI MAZZOLA.

Dénoncé comme voleur dès le 29 juillet 1844 ; acquitté, mais accusé du même délit le 7 mars 1847 ; arrêté pour la troisième fois sous la même imputation, le 1er octobre 1848 ; pour la quatrième fois le 17 juin 1849, et, comme voleur incurable, envoyé à Tremiti ; après trois années de relégation, renvoyé à Naples ; mais, après deux mois de liberté, pris en flagrant délit de vol, résistant alors à main armée (d'armes défendues) à la force publique, et condamné pour ce fait à six années de reclusion. Arrêté pour la sixième fois le 27 mars 1857, comme rôdeur nocturne, — relâché sous caution; — repris le 17 janvier de cette année comme porteur d'armes illicites, et condamné à vingt-huit mois de détention. Hélas! nous ne pouvons beaucoup varier nos rapports; ils se ressemblent tous, ces prétendus chefs du peuple!

VIII

ANTONIO MORMILE. — GIUSEPPE SCOLA. — PASQUALE LEGGITTIMO, DIT MOZZONE (LE RACCOURCI). — LEOPOLDO MURAGLIA. — ANTONIO CACCAVIELLO. — NICOLA ACCURSO. — CIRO COZZOLINO. — DOMENICO D'ONOFRIO, DIT PUZZOLANO (DE POUZZOLES). — CARLO DILICHER, DIT LE SVIZZERO. — FRANCESCO CERRONE. — GAETANO ET ALFONSO GIULIANO. — FRANCESCO SERAPIGLIA. — MICHELE ESPOSITO. — LUIGI MILETTI, DIT PIEDE-DI-PORCO (PIED-DE-PORC). — FERDINANDO FARINA. — CARLO ESPOSITO, DIT LE MARINARIELLO (LE PETIT-MA-

RIN). — PASQUALE ANNUNZIATA, DIT CENTO-DENTI (CENT-DENTS). — ALFONSO MAÏETTA. — PASQUALE ESPOSITO, DIT CAZZAROLA (CASSEROLE).

Voilà de nos anciens amis; nous les avons vus à l'œuvre, et nous avons lu leurs lettres dans les chapitres II et III du présent volume. C'étaient eux qui formaient la société du castel Capuano, depuis les dernières rigueurs décrétées contre eux par le cabinet de Turin et la questure de Naples. Voici maintenant leur signalement biographique et moral :

Antonio Mormile, ancien soldat, chassé de l'armée pour sa mauvaise conduite (1857), emprisonné un an après pour faux (9 juin 1858); condamné aux fers par la cour criminelle de Naples; relâché quelque temps après, la sentence ayant été cassée pour je ne sais quel défaut de forme; — mais bientôt repris, à cause de ses brutalités et de ses extorsions de camorriste. Il est maintenant à Florence, aux Murate.

Antonio Caccaviello avait été condamné fort jeune à l'ergastolo (dès 1848); or, je rappelle que c'était la peine la plus dure après la peine de mort. Dans l'ergastolo même, il avait tiré le couteau, nouveau délit dont il était venu se défendre à Naples. Enfermé de nouveau en 1861, il s'était évadé violemment; il a été repris cette année, le 18 mai, avec de jolies recommandations : ancien forçat libéré, condamné de nouveau, puis évadé; enfin, camorriste !

Michele Esposito a été condamné trois fois pour vol: en 1855, en 1857, en 1859; à sa troisième arrestation, muni d'un couteau défendu, il a résisté à la force publique.

Pasquale Leggittimo, arrêté, le 4 janvier 1849, pour vol avec agression, s'est évadé en brisant les barreaux de sa prison; repris le 2 décembre 1850, il a été envoyé dans la prison d'Aversa. Sa peine expirée, il a été repris le 22 mars 1860; relâché le 17 juillet, il a été remis en prison le 15 août 1861, comme voleur, *cambrioleur* et camorriste.

Francesco Cerrone a commencé par l'ergastolo, comme son noble compagnon Caccaviello. Il s'en est évadé violemment, et depuis lors a joué l'un des rôles principaux parmi les sectaires. C'est lui qui, emprisonné de nouveau le 3 août de cette année, avait conçu, préparé et dirigé la fameuse évasion du 24 septembre, qui a fait tant de bruit dans les journaux. On se souvient que vingt-neuf camorristes, enfermés à San-Lazzaro, avaient tenté de s'échapper par le conduit qui descend dans les égouts de Naples. Le complot fut déjoué par la garde nationale, les carabiniers et les agents de la questure, qui ne craignirent pas d'aller arrêter les fuyards dans la fange (j'adoucis le mot), à travers laquelle ils espéraient s'enfuir.

Domenico d'Onofrio a été relégué à Ponza dès le mois d'août 1856, puis condamné au presidio, d'où il s'est évadé ; puis arrêté de nouveau le 3 novembre 1860 pour cette évasion et pour un homicide.

Carlo Esposito, dit le *Marinariello* (le petit marin), condamné pour la première fois en 1846, a été trois fois galérien et trois fois galérien évadé. Réintégré pour la quatrième fois au castel Capuano, il vient d'être relégué à Tremiti.

Pasquale Annunziata, dit *Cento-Denti*, a déjà subi deux condamnations pour vols qualifiés : l'une, en 1847, à six ans de reclusion ; l'autre, en 1853 (aussitôt après l'expiration de la première peine), à vingt ans de fers. Il s'est évadé de sa prison et s'est remis aussitôt au double métier de voleur et de camorriste. Il a été repris cette année, le 3 janvier.

Pour abréger, je ne dis rien des autres, à peu près pareils à ceux-ci. Qui plus, qui moins, ils sont tous meurtriers ou larrons; le plus souvent l'un et l'autre.

IX

PASQUALE SCARPATI.

Ici encore, je demande à citer textuellement les rapports déposés à la questure :

« Il était le plus hardi matamore de la camorra à Portici, Resina, San-Sebastiano et dans les environs. Gare à qui refusait d'obéir à ses ordres! Les récalcitrants s'exposaient à un châtiment terrible : l'assassin affilait contre eux son poignard. Scarpati avait pour compagnon de crimes Carmine Minieri et un frère, nommé Ferdinand, qui rivalisait de férocité avec lui, et qui, s'imposant par la terreur à la garde nationale de San-Sebastiano, réussit à s'en faire nommer capitaine; pilla, d'accord avec les brigands, l'habitation du malheureux Micéli, et, se mettant à la tête d'une bande de malandrins, séquestra sur la montagne de Somma

M. Cuocolo, riche marchand de cuirs, dont il exigea pour rançon l'énorme somme de douze mille ducats (51,000 francs). Aujourd'hui que le sanglant capitaine est obligé de vivre caché et que son frère Pasquale est arrêté, les honnêtes habitants de cette contrée respirent en paix ; mais beaucoup d'entre eux la quitteraient aussitôt si l'un de ces deux scélérats y revenait.

» Outre le témoignage des concitoyens de Pasquale Scarpati, si l'on invoque sur son compte celui des registres des prisons[1], ces informations suffiront à donner une idée de ce que peut tramer de criminel l'âme de cet homme. Le 4 juillet 1849, il était accusé, pour blessures et balafre (*sfregio*) sur la personne d'Antonio Abruzzese, délit de compétence correctionnelle. Le 12 juillet 1850, il fut soumis à un deuxième jugement pour des faits semblables exécutés, avec armes prohibées, au préjudice de Marie Savarese. La grande cour ayant décliné sa compétence dans cette affaire et renvoyé la cause au tribunal correctionnel, Scarpati fut relâché. Trois mois après, le 27 novembre 1850, il

1. Le lecteur n'aura peut-être pas oublié une lettre sentimentale de cette bête fauve, insérée dans une note du présent volume, chap. II.

était prévenu de tentative de meurtre et condamné à deux ans de prison.

» A l'expiration de sa peine, il n'était point corrigé ; s'enorgueillissant, au contraire, de l'effroi qu'il inspirait autour de lui, il s'adonna entièrement et ouvertement au brigandage, courant les campagnes, dévastant les propriétés, attaquant les voyageurs, dévalisant les voitures et fatiguant à sa poursuite les agents de la force publique jusqu'au commencement de 1857. Il fut alors arrêté, traduit devant la justice pour nombre de vols qualifiés commis par lui au préjudice de Vincenzo Russo et de beaucoup d'autres, et condamné à dix-neuf ans de fers. Dirigé avec deux autres bandits vers le bagne de Brindisi, il eut le courage, en chemin, de briser ses menottes, d'attaquer et de désarmer les gendarmes qui l'escortaient et de reparaître dans la malheureuse région dont il avait été le fléau.

» Et cependant ce camorriste effréné, dont notre langue serait impuissante à rendre la perversité ; cet homme, dont chaque jour de liberté était marqué par un crime, Pasquale Scarpati, pour l'appeler par son nom, grâce aux protecteurs qu'il s'était faits sur les siéges les plus hauts de la magistrature et dans les charges intimes de la cour, trouva clémente l'âme des Bourbons, qui, livrant à l'oubli les vols, les meurtres, les actes même de rébellion contre les agents de la force publique, en un mot, tous les délits de ce misérable, commuèrent pour lui la peine des fers en une villégiature à l'île d'Ischia.

» Survint l'été de 1860 et la révolution. La surveillance de l'autorité se ralentit, les événements politiques absorbaient toutes les préoccupations ; le moment parut propice à Scarpati pour reprendre le cours de ses aventures. Il sortit de l'île sans obstacle et revint parcourir à main armée les campagnes natales, associé à une bande de malfaiteurs.

» Il était donc de nouveau sous l'imputation de rupture de ban et d'association à une bande armée, le jour où les agents de la force publique purent le prendre et le mettre enfin en lieu de sûreté. »

X

GIOVANNI PARDI. — NICOLA FRASCA, DIT SAPONARIELLO. — MICHELE GALLO.

Ce Giovanni Pardi était le grand exploiteur du marché de San-Carlo all'Arena, où il rançonnait les vendeurs de fruits et de légumes. On cite un trait de lui (mais sans preuve légale). Il vivait en si bons termes avec les malfaiteurs de son quartier, qu'il se chargeait de retrouver les objets volés, moyennant une rémunération convenable. Mais il existe contre lui des précédents plus graves. Il fut condamné autrefois aux galères pour vol avec agression, et arrêté récemment comme affilié à une bande de malfaiteurs. On le tint quelque temps en prison, puis on l'envoya à Aversa, croyant que l'éloignement de Naples suffirait pour le corriger. Mais, à peine libre, il se livra plus que jamais aux rapines, aux extorsions et à la contrebande. Il fallut le reprendre, et, depuis le 11 septembre, il est de nouveau emprisonné.

Ses compagnons, Michele Gallo ou Gatto et Nicola Frasca, ont été mis en prison, le premier quatre fois pour vols, agressions, évasion violente, extorsions de camorra, etc.; le second, sept fois, comme matamore, bretteur, brelandier, pipeur de cartes, vagabond, voleur, homicide, etc., etc.; il prit part, entre autres exploits, à une rixe sanglante entre camorristes qui se coutelèrent sur la place de la Pignasecca, le 11 janvier 1858.

XI

DIVERS GROUPES DE CAMORRISTES.

Pour abréger, je réunis sous ce titre des malfaiteurs exerçant des industries diverses, et je renonce à raconter en détail les précédents de chacun pour épargner la patience du lecteur. Qu'il me suffise d'affirmer que tous, sans en excepter un seul, subirent plusieurs condamnations pour vols, escroqueries, assassinats, ou délits semblables. Je dis tous, sans en excepter un seul.

Je m'en tiens donc aux particularités qui les distinguent.

Vincenzo d'Ascoli et Pasquale Esposito, par exemple, voleurs à la tire et camorristes, faisaient le mouchoir sur la *piazza del Castello*, et rançonnaient les joueurs dans le café du *Sebeto*. Pasquale Carrino et le fameux Centrella (qu'on n'a pas encore pu arrêter) préféraient le crime en grand et le vol à main armée. — D'autres, Biagio d'Elia, Ignazio Flaminio, Ignazio Mosella, Gaetano Castronuovo, Luigi Riccio, Francesco Cuomo, Vincenzo Totino, toute une bande, comme on le voit, se tenaient sur le pont de la Madeleine, à l'entrée de Naples, et, là, pendant le jour, exigeaient la camorra des conducteurs de charrettes et des marchands de comestibles, puis, pendant la nuit, attaquaient les voitures et détroussaient les passants. L'un d'eux, Francesco Cuomo, se jeta un soir si violemment sur un cabriolet attardé, qu'il tomba sous les roues et s'y cassa le bras; il sera manchot toute sa vie.

Un autre groupe est celui des camorristes politiques, et naturellement bourboniens. Ils firent un moment les libéraux; en 1860, aspirant à la liberté de faire le mal, mais voyant que le nouveau régime les gênait beaucoup plus que l'ancien, ils sont maintenant pour François II et pour le saint-père. Tel est Carmine Schiano, qui s'amusait récemment, pour le compte de la réaction, à jeter des bombes dans les rues. Tel Luigi Curci, qui, condamné sous l'ancien régime à quinze ans de fers, avait allégé sa chaîne et abrégé sa peine en se faisant au bagne l'espion de la police et le tourmenteur des libéraux. Il devint ainsi chef d'escouade comme beaucoup d'autres, puis disparut en 1860, et recommença enfin son métier de voleur et d'assassin jusqu'à sa dernière arrestation, opérée le 18 septembre de cette année. Tel fut encore ce Raffaele Esposito, qui, coupable de sept crimes commis entre 1843 et 1848 : vols, blessures, incendie du commissariat de Saint-Joseph, pillage, homicide, fut cependant absous presque chaque fois par la clémence du souverain, auquel cet ignoble malfaiteur rendait constamment de petits services politiques. Écartons-nous de là : c'est trop monstrueux!

XII

GIAMBATTISTA DE FALCO, DIT L'ABBARCATORE.

Celui-ci mérite un article à part. C'est le contrebandier de Fuorigrotta. Tout le monde le connaît de Naples à Pouzzoles; tous tiraient le chapeau devant lui; les douaniers se laissaient désarmer par lui sans résistance. Il était le maître du pays.

Emprisonné de 1855 à 1859, il avait étendu son commerce à l'expiration de sa peine, et, non content d'être contrebandier, s'était fait voleur. On lui attribue les principaux vols commis aux environs de Portici vers 1860. Il se cacha longtemps, jusqu'à la révolution, puis reparut aux barrières et se remit à la contrebande, passa encore quelque temps en prison, en sortit pour voler et brigander de plus belle, disparut de nouveau lors du récent édit contre les camorristes, et, repris le 8 septembre, a été embarqué le 19 pour Tremiti.

XIII

AUTRES GROUPES DE CAMORRISTES.

Pasquale Santucci et Gennaro Lippiello (le premier surnommé Abellino) exerçaient la camorra dans le quartier Avvocata, et le brigandage pendant la nuit sur le corso Vittorio-Emmanuele, boulevard qui entoure Naples. L'un et l'autre étaient d'anciens malfaiteurs plusieurs fois détenus pour vols et contrebande.

D'autres plus dangereux encore : le maçon Antonio Sommella, le cocher Michele del Giudice, le cordonnier Gaetano Nardiello, le négociant Giovanni Esposito, surnommé *Angresino* (le petit Anglais), formaient une véritable bande de brigands. Leur repaire était une maison isolée aux environs de San-Giovanni à Teduccio. De là, ils se jetaient le soir sur la ville, où ils commettaient des vols avec effraction d'une audace incroyable. Ils attaquaient les maisons et les boutiques les armes à la main. Au demeurant, tous repris de justice :

l'un (Sommella) arrêté cinq fois; six ou sept fois le deuxième (del Giudice), l'un des plus violents et des plus fourbes; quatre fois le troisième (Nardiello), qui deux fois s'était évadé du bagne; quant au dernier, l'Angresino, c'était un voleur émérite; il travaillait sous Ferdinand dans les églises et y enlevait les vases sacrés; de plus, faussaire, fabricant de congés militaires et de billets de banque; enfin camorriste. Il est maintenant à Florence aux Murate.

Je me borne à nommer encore deux voleurs incorrigibles, Vito Manzi et Luigi Garofalo, pour ne pas répéter toujours les mêmes faits, Le dernier, depuis 1858, a eu cinq fois affaire à la justice; le premier, dix fois depuis 1847.

Ceux qui viennent après dans le dossier de la questure sont les nommés Giovanni Cicala, de Naples, Leopoldo Musco, de Bénévent, et Gennaro d'Andrea, de Graziano. Ceux-ci méritent une mention spéciale. Je traduirai donc complétement l'article qui les concerne.

XIV

GIOVANNI CICALA. — LEOPOLDO MUSCO. — GENNARO D'ANDREA.

« Tout le monde se souvient encore avec effroi de cette bande de voleurs qui, sur la fin de l'année 1861, pillait les habitations en s'y introduisant sous prétexte d'appartenir à la force publique. Ainsi fut dévalisée la maison de M. le comte Vargas, à Portici, ainsi celle de monsignore ***, celle de M. Canosa, autrefois chef de division à l'ancienne préfecture de police. Ces scélérats se travestissaient d'ordinaire en gardes nationaux, et, mettant à leur tête un des leurs vêtu en bourgeois, qui jouait le rôle de délégué de la questure, ils se présentaient de la sorte, ayant bien soin de choisir les maisons des personnages qui, par leurs antécédents politiques, pouvaient leur faire croire qu'ils ouvriraient leur porte sans la moindre résistance à des fonctionnaires de la sûreté publique.

» C'est à cette bande de voleurs et de camorristes qu'appartenaient les trois individus en question.

» Leopoldo Musco était appelé *lieutenant* par ses compagnons; il affectait de déguiser son accent napolitain et dirigeait habituellement les expéditions en se faisant passer pour un délégué de la sûreté publique.

» Deux révélations importantes qui se trouvent dans la procédure judiciaire entamée au sujet du vol commis au préjudice de M. de Francesco, joaillier à Tolède, ont fait connaître de la manière la plus certaine l'organisation de cette bande et le rôle qu'y jouaient les différents acteurs. . . . .

. . . .

» Leopoldo Musco s'était enfui de Bénévent, dont le séjour était devenu dangereux pour lui; il osa s'insinuer dans les rangs garibaldiens, espérant que la chemise rouge, lui servant d'égide contre les recherches de la police, couvrirait ses délits passés et futurs.

» Gennaro d'Andrea était un galérien qui avait déjà expié une très-longue peine de fers que lui avaient value des accusations accumulées de vols qualifiés et très-graves.

» Giovanni Cicala était en possession d'une incontestée réputation de camorriste. On savait que la soumission aux lois et le respect du droit et de la propriété d'autrui n'avaient pour lui aucune importance. Le 16 avril 1860, il fut dénoncé au pouvoir judiciaire pour vol qualifié, violemment commis au préjudice de Giuseppe Tedeschi. Le 8 juin 1861, il s'arracha impétueusement des mains des agents qui le conduisaient devant le juge, et réussit à trouver une retraite cachée où il se rendit complice d'un homicide et de différentes falsifications de billets de banque. Il retomba enfin entre les mains de l'autorité, et fut mis en prison. La questure, en le remettant au pouvoir judiciaire, a déclaré qu'au cas où une sentence d'élargissement serait prononcée à l'égard de Cicala, ce dangereux malfaiteur devrait lui être renvoyé pour qu'on pût prendre contre lui les mesures nécessaires au maintien de la tranquillité publique et à la protection de la vie et des propriétés des particuliers. »

XV

GIUSEPPE ET GIOSUÈ GALLUCCI.

Pour ceux-ci, je copie encore le dossier de la questure :

« Les frères Gallucci ont la réputation d'être des plus dangereux parmi ces camorristes vagabonds qui allaient surprendre la bonne foi et la tranquillité des propriétaires de campagne, pour accaparer les parties de vin que ces propriétaires avaient à vendre, et qui, après cela, trouvaient mille prétextes, et, les prétextes épuisés, recouraient aux menaces et aux violences pour s'exempter de leur en rendre compte. Ils s'introduisaient comme marchands de vins, et, la complicité de leurs compagnons venant en aide à leur habileté personnelle, leurs détournements de marchandises s'opéraient très-facilement. De plus, les menaces qu'ils adressaient à leurs victimes n'étaient pas de simples paroles ; maintes et maintes fois ces pauvres gens persistant à réclamer l'argent qui leur était dû, furent maltraités à tel point, qu'ils finirent par se désister de leurs prétentions les plus justes.

» Pour comble d'insolence, les Gallucci ne craignaient pas de peser par intimidation sur les avocats qui patronnaient leurs créanciers, sur les huissiers qui venaient leur intimer des actes judiciaires, et sur les agents mêmes de la force publique chargés d'assurer l'exécution des arrêts de la justice. Les archives de la questure sont pleines de réclamations d'honnêtes négociants auxquels on avait notifié par des voies de fait qu'ils eussent à ne molester en rien les frères Gallucci s'ils préféraient la vie au recouvrement de leurs créances.

» Prêts à mettre la main au couteau pour se maintenir en renom de braverie chez les timides fermiers des environs de Naples, les Gallucci appartenaient à la classe des camorristes couteleurs (*accoltellatori*) et comptaient parmi les plus terribles; aussi leur arrestation a-t-elle rendu la paix aux propriétaires et fermiers, en même temps qu'elle a déconcerté et désorganisé leur bande, formée de malfaiteurs de haute volée. C'était pour eux un article de foi, grâce à l'audace avec laquelle ils exerçaient la camorra, que les principes d'autorité et de justice devaient s'incliner humblement devant les prétentions de leur convoitise outrecuidante. »

XVI

GAETANO ZOBOLI. — PASQUALE PATURGO. — DOMENICO DONNAPERNA.

Les plus dangereux de tous peut-être. Habiles à fabriquer de fausses clefs, ouvrant les riches magasins, d'où ils sortaient sans bruit les poches pleines ; pendant la journée, très-occupés à un travail honnête, apparent, prouvant des moyens d'existence, offrant au dehors toutes les preuves possibles de moralité et même d'une certaine éducation, bien vêtus, bien entourés, irréprochables, mais effrontés voleurs. Ils étudient les maisons, prennent l'empreinte des serrures, entrent un beau soir dans un appartement et le dévalisent en un clin d'œil. Les voisins n'ont rien vu qu'aller et venir des gens de bonne figure.

Veut-on savoir un des méfaits de ces terribles malfaiteurs? L'an dernier, au mois de novembre, ils voulaient piller le magasin de bijoux d'un certain de Francesco, dans la rue de Tolède. Que firent-ils? Ils montèrent à l'étage supérieur chez M. Tesorone, négociant très-connu. Au moyen d'une fausse clef, ils pénétrèrent dans l'appartement de ce galant homme, d'où ils descendirent dans la boutique en pratiquant une ouverture dans le plancher au moyen d'une barre de fer. Le matin, sans que nul se fût aperçu de cette impudente effraction, la boutique était dévalisée. On soupçonna le portier de la maison d'avoir fait le coup; mais le pauvre homme subit une longue détention, sans avoir été pour rien dans le crime. Il avait vu des gens bien vêtus monter et descendre le plus cavalièrement du monde. Or, Naples est une ville où les portiers n'arrêtent jamais les gens bien vêtus.

Les coupables étaient Zoboli et sa bande. En opérant une perquisition chez cet impudent camorriste, on trouva, parmi force butin, quelques bijoux et d'autres objets provenant d'un vol commis en mai 1861 au préjudice d'un bourgeois stupide qui mériterait d'être nommé. Ce poltron, craignant Zoboli, qui, de son côté, craignait la justice, avait consenti à traiter avec lui, et lui avait vendu le secret au prix de deux cents ducats que le voleur payait au volé de mois en mois par petites portions, et qu'il finit par solder au mois de septembre. Cette transaction entre le malfaiteur et sa victime est un des plus curieux traits de camorra qu'on puisse citer. « Nous ajouterons encore, dit le dossier de la questure, que, dans l'hiver de 1861, Zoboli et ses compagnons dévalisèrent de nuit l'habitation de M. F. Pastore, qu'ils savaient absent de Naples. Zoboli, apprenant que le volé allait le dénoncer à la justice, se présenta à lui spontanément, déclarant qu'il savait quelque chose de son affaire et pourrait lui faire retrouver les objets dérobés, à la condition que rien ne serait ébruité. Il mit alors en scène Gabriel Cottone, l'un de ses complices, et obtint de lui qu'il remettrait à M. Pastore, en compensation des valeurs enlevées, une lettre de change qui ne fut jamais acquittée. » Je pourrais citer beaucoup d'autres exploits de cette bande; mais je n'aime ni les gros volumes, ni les interminables répétitions. Je quitte donc ces voleurs et leur émule, le fameux cocher Francesco Paesano, un fort bel homme, de bonne tournure et d'agréables manières, qui dévalisait également des maisons de bijouterie et qui attaqua une nuit à main armée une villa de Pausilippe où il fut reçu à coups de fusil. Je reviens à la contrebande, et je transcris le très-curieux article suivant du dossier de la questure.

XVII

CARLO BORRELLI. — LUCIANO LAGATTA. — PASQUALE PALUMBA. — PASQUALE DE FELICE. — LUIGI RUSSO. — FRANCESCO RICCIO.

« De même que le camorriste de Falco infestait avec les siens la zone douanière de Fuorigrotta et Pausilippe, Carlo Borrelli, à la tête d'une autre bande pareille, prélevait sa part des revenus de l'État au pont de la Madeleine et dans les environs. Les moins hardis de ses compagnons étaient employés au transport clandestin de la viande de boucherie au détriment non-seulement de l'industrie, mais encore de la santé publique. Les plus féroces et les plus adroits, parmi lesquels figuraient surtout ceux qui sont nommés ci-dessous, s'adonnaient à la contrebande à main armée et sous les yeux mêmes des agents de la douane. Les effets de ces fraudes insolentes et hardies devinrent enfin si désastreux, que l'administration des contributions indirectes, voyant les ressources de l'impôt si gravement menacées, mit tout en œuvre pour obtenir l'arrestation de ces scélérats.

« Il existe, » écrivait, en juillet 1861, le directeur des contributions indirectes, « il existe une bande de mal- » faiteurs (et il signalait à leur tête Carlo Borrelli, dit » Alferola, et Pasquale Palumba) qui n'exercent pas » d'autre industrie que la contrebande des articles sou- » mis aux droits de consommation, employant tour à » tour la ruse et une violence si hardie, qu'ils en sont » venus à assaillir les postes de douaniers.

» Le groupe le plus fort et le plus malfaisant de cette » bande s'est posté sur la ligne du pont de la Madeleine » au village voisin de Pazzigni, d'où il se présente aux » douaniers, tantôt avec douceur pour séduire leur pro- » bité douteuse, tantôt les armes à la main si les doua- » niers se montrent scrupuleux. Vous comprendrez » qu'avec une pareille race de malandrins, il n'est pas » toujours avantageux d'en venir aux mains, et qu'après » le bruit qu'ont fait aux barrières leurs exploits ré- » cents et terribles, on ne peut que difficilement exiger

» des douaniers qu'ils se tiennent sur pied toutes les » nuits pour accourir de leur plein gré et de bon cou» rage, et qu'ils repoussent la force par la force. »

» On aura sans doute remarqué avec quelle extrême indulgence on parle, dans cette lettre, de la trop chancelante vertu des douaniers et de leur incapacité à résister aux contrebandiers. On s'en étonnera moins quand on saura que, le 6 septembre 1860, un commis de la douane, nommé Zilo, s'étant bravement exposé pour empêcher un transport de contrebande, avait perdu la vie dans le conflit sans pouvoir arrêter l'expédition frauduleuse; quand on saura qu'une autre fois, au commencement de 1861, la bande commandée par Borrelli étant venue à se disputer sur le partage des recettes de la société, les couteaux avaient été tirés, et que l'un des contrebandiers fut assassiné par ses compagnons; quand on considérera que Carlo Borrelli compte dans sa parenté neuf individus pour le moins étroitement unis par une ligne de sang, l'un domicilié à Pazzigni, tel autre à San-Anastasia, mais tous liés par la complicité de leurs crimes, qui ne se bornent pas à la contrebande seule, mais qui embrassent toutes les variétés du vol. »

Voilà ce que dit sur cette honorable famille le dossier de la questure. Je note en passant que les Borrelli, sortis de la plèbe infime, avaient acquis sans travail, par leur audace violente, une fortune assez respectable. Un simple soldat de leur bande, nommé de Felice, s'était amassé un capital de 30,000 ducats.

Trente mille ducats : 127,500 francs ! voilà qui contrarie un peu la pathétique chanson napolitaine de mon ami Henri Blanvalet :

Bravant la nuit, le vent et la tempête,
Je vais sans peur et je fais mon métier,
A tout hasard prêt à vendre ma tête,
Comme le doit un franc contrebandier...

Vous qui, dans ma chaumière,
Attendez votre père,
O mes enfants, demain,
Priez Dieu ! — Vous aurez du pain !

XVIII

RAFFAELE CARRERA, DIT LE LUCIANIELLO (L'HOMME DU QUAI SAINTE-LUCIE).

C'est un vrai type de camorriste, non des plus mauvais, mais des plus curieux. Je passe ses antécédents avant et pendant la révolution, ses vols à la Darsena (la Darse), — où il était employé pour la forme, car il n'y passait qu'une heure ou deux dans la matinée (ses chefs ne le dénonçaient point parce qu'ils le savaient entouré de *picciotti di sgarro* qui auraient pu leur faire un mauvais parti), — son expulsion de cet établissement pour un vol effronté qu'il avait essayé d'y commettre, et ses industries diverses dans tous les mauvais lieux du pays. Mais ce que je veux indiquer, c'est un nouveau genre de camorra : les extorsions qu'il pratiqua dans la manufacture de tabacs, de concert avec certains patrons, au préjudice de certaines ouvrières. Il avait imposé à ces pauvres femmes un tribut d'un ou deux carlins par semaine, sous peine de diminution du nombre de feuilles à rouler qu'on leur distribuait. En même temps, il volait le tabac de la régie et le faisait manipuler chez lui clandestinement. Il fut surpris, le 5 août 1861, au moment où il pratiquait un trou dans un mur pour pénétrer dans le dépôt des cigares de la manufacture royale, et il demanda aux agents qui vinrent l'arrêter de le laisser libre, en leur offrant une récompense honnête de deux cents ducats!

XIX

ET COETERA, ET COETERA.

Je m'en tiens là, bien que ma liste soit loin d'être épuisée; je me contente de nommer Giuseppe Arena, Vincenzo Aitolla, Gaetano Canelli, Salvatore Ascione, Gennaro Pesce, Mariano Amato, Vincenzo Mazzarella,

Domenico Fogliano, couvert de crimes et de condamnations; Filomene Mormone, dit le *Santillo* (le petit saint), Gennaro Tasano, Gennaro Scafa, Gaetano di Giacomo, voleurs obstinés de la Marine et camorristes violents, exploitant, rançonnant les charretiers d'abord, puis les fabricants de terre cuite, de carreaux vernis et de maïoliques, industrie de ce quartier plébéien; enfin, Antonio Mariano, Gaetano Gambardella, Raffaele Mele, dit *Mollicone*, et ce fameux Pecoraro qui régnait au Mercato, où il commettait ouvertement, impunément, sous prétexte de camorra, des vols publics, avec une effronterie d'audace et de violence incroyable. J'ai hâte de conclure, et je conclus par des chiffres officiels.

En octobre 1861, il s'était commis à Naples, tout compris, 292 délits divers. En octobre 1862, après les mesures prises contre la camorra, il ne s'en est commis, tout compris également, que 160.

En octobre 1861, l'octroi avait rendu à Naples une somme de 45,604 ducats et 82 grains. En octobre 1862, l'octroi a rendu 68,216 ducats et 22 grains, c'est-à-dire, vu la diminution des droits, plus du double.

Enfin, après l'abolition des bureaux frauduleux et

clandestins, les recettes de la loterie ont atteint, en ce mois d'octobre 1862, dans la seule ville de Naples, le chiffre énorme de 544,831 ducats et 25 grains...

Je n'ajoute rien : respect aux chiffres !

FIN.

TABLE

PRÉFACE.. 1

I

ORGANISATION INTÉRIEURE DE LA CAMORRA.

Un premier mot sur la secte. — Le gamin de Naples. — Le *garzone di mala vita*. — Le *picciotto di sgarro*. — L'épreuve du couteau. — La pièce de cinq sous. — Comment on devenait camorriste. — Les cérémonies de réception. — Constitution de la secte : les chefs, les séances, les jugements. — Le *barattolo*, le *contarulo*, le *capo carusiello*, le secrétaire. — L'argot de la secte. — Les rapports des camorristes entre eux.......................... 7

II

LA CAMORRA DANS LES PRISONS.

Les prisons de la Vicaria. — L'huile pour la Madone. — Les droits des camorristes. — L'exploitation des pauvres. — Le jeu forcé. — Le vin et le *tocco*. — Comment un prêtre devint camorriste. — Note sur les couteaux. — Le bâton du Calabrais. — Utilité de la camorra. — Diego Zezza. — Le *Caprariello*. — Correspondances entre camorristes. — Les chefs Mormile et Zingone. — Salvatore de Crescenzo, le grand homme. — Code pénal de la camorra. — Le droit de grâce.......................... 35

III

LA CAMORRA QUI TUE.

Les sentences de mort. — Les exécutions. — Antonio Lubrano, dit Porta di Massa. — Comment Lombardi poignarda Caccaviello pour mériter l'honneur de tuer Forastiero, qui avait assassiné Doria. — Cirillo et le *Zellosiello*. — L'*Aversano*, son crime et sa mort. — Histoire d'un bourreau déçu et d'un meurtre *in extremis*. — Haines entre camorristes. — Les Napolitains et les provinciaux. — Scènes sanglantes.. 63

IV

LA CAMORRA DANS LA VILLE.

Les camorristes amateurs. — Les mendiants. — Signes de reconnaissance. — Le camorriste en gants jaunes. — La camorra sur le jeu, sur la prostitution, etc. — Sur la contrebande. — Sur l'octroi. — Plaintes d'un *Padulano* et d'un cocher de fiacre. — La loterie clandestine. — Les *assistiti*. — La *Carnacottara*. — Le camorriste usurier et la mère des Gracques. — Le camorriste juge de paix. — La camorra sur les melons, sur les journaux, etc. — La camorra dans l'armée. — Le *sfregio*.. 95

V

ORIGINES DE LA CAMORRA.

Questions d'étymologie et d'habillement. — La camorra en Espagne. — *Rinconete et Cortadillo*. — La confrérie de Monopodio. — La camorra chez les Arabes. — Le camorriste et Sancho Pança. — La *baratteria*. — La camorra sous les vice-rois. — Les deux tours de corde. — Rapports des jésuites sur les camorristes. — Les *uffiziali pubblichelle*. — Les *bonachi*.. 125

VI

LES CAUSES SOCIALES DE LA CAMORRA.

Les progrès actuels du peuple. — Sa démoralisation sous les Bourbons. — La peur. — Les terreurs des lettrés. — Les *attendibili*. — Les terreurs des étrangers. — Les violences militaires. — Les terreurs religieuses. — L'enfer. — Les terreurs du roi Ferdinand. — Les persécutions contre les libéraux. — La camorra de la police et la police de la camorra. — La colonie de Tremiti : où passait l'argent des déportés. — Pourquoi la secte était ménagée.. 145

VII

LA CAMORRA POLITIQUE.

1848. — Les *popolani* libéraux. — 1859 et 1860. — Comment les camorristes conspirèrent. — La politique des piastres. — François II et la constitution. — La police de don Liborio. — Les services de la secte. — Le désintéressement du *Persianaro*. — Naples garibaldienne. — Grandeur et décadence des camorristes. — La contrebande de terre et de mer. — *E roba d'o si Peppe*. — M. Silvio Spaventa. — La camorra persécutée. — Démonstrations, coups de sifflet, dénonciations, extorsions, etc. — Le *Bel Garzone*. — Les quatre évolutions de la secte........................... 173

VIII

LA RÉPRESSION.

Exploits récents de la camorra. — Vols avec effraction. — Brigandage dans la ville. — Comment les camorristes échappaient aux lois ordinaires. — Complicité de leurs victimes. — Les protections influentes et les juges intimidés. — Mesures exceptionnelles. — La campagne de M. Aveta. — Un chasseur d'hommes. — Lettre du préfet de Naples à M. Rattazzi. — Les femmes et les enfants des camorristes. — Une lettre du commandant de Ponza. — Déportation aux Murate. — Secte dissoute et reformée. — Heureux effets des mesures. — Conclusion........ 201

APPENDICE

BIOGRAPHIES DE CAMORRISTES........ 221

FIN DE LA TABLE

PARIS. — IMP. PILLET fils aîné, rue des Grands-Augustins, 5.

OUVRAGES PARUS

DANS LA BIBLIOTHÈQUE NOUVELLE

à 2 francs le volume

PARIS. — IMPRIMERIE J. CLAYE, RUE SAINT-BENOIT, 7.

www.ingramcontent.com/pod-product-compliance
Ingram Content Group UK Ltd.
Pitfield, Milton Keynes, MK11 3LW, UK
UKHW021055220726
13924UKWH00005B/2103